MARCELO C. P. DINIZ

CRÔNICAS DE UM BIPOLAR

EDITORA RECORD
RIO DE JANEIRO • SÃO PAULO
2010

CIP-BRASIL. CATALOGAÇÃO-NA-FONTE
SINDICATO NACIONAL DOS EDITORES DE LIVROS, RJ

D61c   Diniz, Marcelo C. P.
       Crônicas de um bipolar / Marcelo C. P. Diniz. – Rio de Janeiro:
       Record, 2010.

       ISBN 978-85-01-08700-3

       1. Diniz, Marcelo C. P. 2. Homens – Brasil – Biografia.
       3. Transtorno bipolar. I. Título.

                                    CDD: 920.71
09-4245   CDU: 929-055.1

Copyright © 2010 by Marcelo C. P. Diniz

Texto revisado segundo o novo Acordo Ortográfico da Língua Portuguesa

Direitos exclusivos desta edição reservados pela
EDITORA RECORD LTDA.
Rua Argentina 171 – 20921-380 – Rio de Janeiro, RJ – Tel.: 2585-2000

Impresso no Brasil

ISBN 978-85-01-08700-3

Seja um leitor preferencial Record.
Cadastre-se e receba informações sobre nossos
lançamentos e nossas promoções.

EDITORA AFILIADA

Atendimento e venda direta ao leitor:
mdireto@record.com.br ou (21) 2585-2002

Este livro é dedicado ao Dr. Ulisses Vianna Filho
(*in memoriam*)

AGRADECIMENTOS

Para chegar ao ponto de escrever este livro, devo agradecer a todos que me dedicaram simpatia e amizade, sabendo ou não da minha condição de bipolar. Também aos que me trataram, especialmente ao meu psiquiatra atual, Dr. Elcio Carneiro Carvalho Junior, que julgou pertinentes alguns questionamentos que coloquei neste livro sobre a personalidade de um bipolar em períodos controlados. Como leigo, eu não saberia dizer se tais questões tinham fundamento.

Devo agradecer, especialmente, ao redator publicitário João Bosco Lodi e ao escritor Luiz Antonio Aguiar, meus grandes amigos. Foram eles que leram meus originais, sugeriram algumas modificações com muita propriedade e me "autorizaram" a procurar um bom editor. O Mohamed, da Qualitymark, deu contribuições importantes. Agradeço também a colaboração de Beatriz Brandão, que criticou e ajudou a escrever algumas crônicas e de Cristina Oldemburg que, dinâmica como sempre, ajudou a convencer os editores.

SUMÁRIO

Prefácio	13

PARTE 1 – ANTECEDENTES

Sexo resolve tudo?	21
Garotinho precoce	27
Bobo e violento	33
Afinal, apanhar faz bem?	35
Eta marzão besta!	38
A bênção	42

PARTE 2 – ENCARANDO EMPREGOS

O primeiro emprego	49
Trabalho: pagamento ou prazer?	52
Haja curso!	56
Autocontrole	59
Vendendo a praça de Governador Valadares	66
Aniversário faz mal à saúde	70
Missão impossível	72
66 milhões de faturamento e uma carreta de bônus	75

PARTE 3 – CONVIVÊNCIAS

Exemplos de toda sorte	83
Mui amigo	85
"Eu devia ser cabeleireiro!"	87
Afinal, qual é o santo dos porristas?	90
Figurinhas, nada mais	92
Fundo Seguro Safra — quedê o convênio?	95
Galôôô!!!	97

PARTE 4 – VIDA FAMILIAR

Parto com dor	105
Filhos adotados — melhor tê-los	108
A ratinha cai do beliche	112
Filhos pretos, babá branca	116
Evitando conflitos	118
Atravessado na garganta	120
"'Paia' é com vovô Marcelo"	123

PARTE 5 – CRIATIVIDADE E MUITA CORAGEM

Um cara futurista	129
No brilho do Halley	132
"O Marcelo é Marcelo demais"	137
Os primeiros degraus nos Estados Unidos	141
A Warner avaliza o projeto	145
Ao sol, que ninguém é de ferro	148
Um mafioso muito divertido	150
Fiquei amigo do concorrente	152
Uma loura especialíssima	155
Pontapé nos colhões	157
A Globo entra na jogada	161
Guerra nas Estrelas "made in Brazil"	166

Uma atitude "staraciana"	170
O janota	173
Máximo e Pedro, dois senhores de amargar	175
E o cometa, vem ou não vem?	180

PARTE 6 – ALGUNS ESCORREGÕES

A despedida do Quintas	189
A cabeça e o travesseiro	191
"Você não precisa tomar lítio"	194

PARTE 7 – CORRENDO ATRÁS DA VIDA

Depois do cometa, a Xuxa	201
Doces ilusões	203
Amana-Key e *O capital moral*	207
Eleição do Cristo, uma esperteza que veio da Suíça	211
Convivendo com a doença	214

PARTE 8 – GRANDES E PEQUENOS ASSALTOS

Trombadão na São João com a Ipiranga	221
Pânico no elevador	223
O resgate da Fiorino	225
Jogo roubado	230

MENSAGEM FINAL	233
POST SCRIPTUM	237

PREFÁCIO

Certa vez, tive uma reunião com uma *head-hunter*. Quando desfilei, com o maior orgulho, o meu currículo de aproximadamente quarenta anos de trabalho e realizações, ela foi de uma frieza desconcertante.

— Normal. Todo executivo, na sua idade, tem histórias como essas para contar.

E lá se foi o meu ego ladeira abaixo. Não é que eu me achava o máximo? No segmento da conversa, ela ajudou um pouco mais.

— Você precisa descobrir o que quer ser quando crescer, qual é a sua verdadeira vocação. E, nas entrevistas, demonstrar que pode dar mais valor ao acionista. Caso contrário, você não se recoloca.

Levei a sério aqueles conselhos, principalmente ao analisar a minha trajetória. Durante toda a vida, fui pegando as oportunidades que apareciam, achando que podia fazer qualquer coisa, desde vender cigarros até me agarrar à cauda de um cometa invisível. Deveria ter privilegiado aquilo que poderia me fazer mais feliz, me realizar como ser humano. Levei tão a sério o conselho dela que resolvi não falar mais de emprego, a não ser que tivesse alguma proposta irrecusável sob todos os aspectos. Enquanto o milagre não acontecesse, ia me dedicar à minha própria assessoria, ser dono do meu nariz.

Esta é a terceira vez que eu vou para as livrarias. A primeira foi com *O capital moral ou a falta dele*, editado pela Qualitymark. Depois, tive uma colaboração em *Como funciona a sociedade brasileira?*, Editora Cultrix, Amana-Key. Realmente, escrever faz parte do meu ser. Me lembro de que o presente que eu mais gostei, quando criança, foi um lápis e um caderno. Papai tirou uma foto da minha primeira experimentação que guardo até hoje. Vivo de escrever planejamentos de comunicação e *marketing*. Me delicio escrevendo livros. Assim como dando palestras. Mas é preciso vender.

Quando optei por esta obra, a primeira pergunta que me fiz dizia respeito ao comércio. Quem é que vai se interessar por histórias de vida de um quase desconhecido? Já sei. Vou desvendar o segredo de que sou bipolar. Aí talvez haja interesse.

Como deve se sentir o portador de uma doença incurável, que se trata no psiquiatra — uma categoria médica sobre a qual há tantos preconceitos — e que tem que se esconder para ser aceito no trabalho? Mas a doença só aparece nas crises, que são de pouca duração em relação à vida toda. E como deve ser um bipolar controlado, ou semi, seja no trabalho, em casa ou com os amigos?

Largar uma carreira de 12 anos na Souza Cruz para pular na cauda de um cometa é coisa de bipolar? Todos que participaram comigo da empreitada mantiveram outros negócios paralelos, menos eu. Minha filha mais velha, herdeira da minha bipolaridade, largou a família e os estudos para seguir um namorado nos Estados Unidos com apenas 17 anos de idade. Trabalhou até de faxineira. Isso é coisa de gente normal? E o pai permitir, é coisa de bipolar? Roubar um carro segurado dos ladrões numa favela do Complexo do Alemão é um comportamento normal? Adotar duas crianças numa época de crise financeira exige alguma coragem especial? Em outras palavras: eu fiz o que fiz porque sou bipolar ou qualquer um faria?

Estas e outras histórias, das minhas crises e dos meus períodos de normalidade, estão aqui neste livro para o leitor matar um pouco da curiosidade sobre como deve ser o comportamento de um bipolar. Ou, quem sabe, se reconhecer.

Pode pegar. Não morde.

Rio de Janeiro, março de 2010.

Marcelo C.P. Diniz

PARTE 1

ANTECEDENTES

Nesse período eu ainda não era bipolar. Ou não sabia que era. Só sabia que a família da minha mãe tinha um histórico bem rico em doenças mentais, coitada. E que a minha tia, quando me via ainda menino atravessando o quintal, fazia da janela alguns sons e gestos como se estivesse chamando um gato.

— O Marcelo é gato.

Ao que o meu tio acrescentava.

— Gato da bunda branca!

Eu chegava a ficar vermelho de tanta raiva era um garoto nervoso pra burro.

SEXO RESOLVE TUDO?

Quando eu era adolescente, virava e mexia tinha uma depressão. Ficava triste, tinha gastrite, me isolava dos amigos por uns dias, era introspectivo, sofria de enxaquecas fortíssimas que me atacavam o fundo do olho direito... Quando ia ao médico, a resposta era sempre a mesma.

— Isso é normal nessa idade. Isso passa.

E passavam um remedinho qualquer, porque a crise passava mesmo. Já tratei de enxaqueca até com colírio Mirus. O que não passava era o quadro geral, o que já devia ser um prenúncio da minha bipolaridade, mas por enquanto deixa pra lá.

Um belo dia, meu pai vislumbrou a solução.

— Esse menino tá precisando é de mulher!

E lá fui eu. Minha iniciação tinha sido um desastre. Eu tinha só 11 anos, mas, como meu pai costumava dizer que eu havia nascido com 10, estava mais do que na hora. Primeiro aconteceu uma festinha no terraço da casa de uma vizinha. Todos os meus amigos foram, todos na faixa de 14 a 17 anos, as meninas também. Foi quando a Rebeca e a Beatriz se dispuseram a experimentar os beijos de todos os presentes. Fizemos fila. Eu achei aquilo uma maravilha e devo ter agradado um pouco, senão pela técnica, pelo menos pela carne fresca e os olhos verdes. Uns dias depois, estávamos eu e o Marcílio vendo televisão na casa de Rebeca, e ela se aninhou comigo no sofá. Beijo aqui, mão ali, desabotoa esse botão, aquele desajeitamento, ela me pegou pelo braço e me levou para o quarto. Fechou a porta, baixou a persiana, continuou a tirar a roupa, aquele esfrega daqui e dali — eu já estava com o pau na garganta, ela chegava a roxear o rosto e o pescoço. Foi quando o idiota do Marcílio gritou:

— A Dona Marieta tá chegando!

Que correria! Aperta o sutiã, bota o vestido, abotoa a camisa, sobe as calças, ajeita o cabelo, passa um pó de arroz. Mas o alarme era falso. Filho da puta!

A dona Marieta estava na aula da autoescola, não tinha chegado coisa nenhuma. Mas ia chegar. E lá se foi o clima pra cucuia.

Passavam-se as semanas e não acontecia uma nova oportunidade. Meu cobertor já estava engomado de tanta porra — não sei como eu tinha coragem de encarar minha mãe fazendo a cama pela manhã. Foi quando a Rebeca chegou pra mim, junto com uma colega lindíssima do colégio onde ela estudava, e jogou a maçã:

— Você não quer passar o carnaval com a gente? Nós vamos para o sítio da Cecília, aquela do internato, você conheceu.

Claro que eu conhecia. As meninas do internato estiveram numa festinha nossa nas últimas férias. Eram lindas e dominavam todas as nossas fantasias. Meus amigos diziam que elas não eram mais virgens, que topavam tudo. Imagine, naquela época isso não existia, era como se fosse um presente dos deuses. Mas a grande sacanagem foi que o meu pai não deixou que eu fosse. Falou que eu era muito novo — agora eu não tinha mais nascido com 10 anos —, que não conhecia as pessoas que me convidaram, melou tudo.

Frustração que segue, o Marcílio, que tinha acabado de fazer 18 anos, resolveu reparar a empatada que deu na minha foda.

— Vou te levar num randevu. Você vai gostar.

E lá fomos nós. Av. Pedro II, em Belo Horizonte, uma bela amostragem do baixo meretrício. Três da tarde, eu fiquei do lado de fora enquanto o Marcílio ia lá dentro combinar. Pouco depois ele chegou à porta e me chamou.

Quero dizer, pouco depois só se foi no relógio, porque pra mim demorou um século. Eu estava um pouco pálido e com as mãos suando. Veio uma loura oxigenada meio gorda, com um vestido verde brilhante, sandália tipo havaiana, e foi me arrastando pro quarto.

— Vem cá, bem.

Puxou o fecho e tirou o vestido com uma prática de segundos. Tinha uns peitos branquelos, meio caídos, e a calcinha não me lembro mais, tão depressa ela se desfez do inconveniente. Pulou naquele colchão de molas cheio de calombos, e eu ainda estava desabotoando a camisa, encostado num guarda-roupa assim de quina, uma forma *sui generis* de decorar o quarto.

Guarda-roupa de quina, penteadeira de quina — depois eu fui reparar que as putas adoravam decorar os quartos daquela maneira. Vai entender!

— Pode tirar a roupa toda, bem. Vem cá, vem cá.

E batia com uma das mãos no espaço da cama que sobrava. Da minha parte, estava mais focado naquele monte de cabelos pretos em forma de triângulo. Me deitei sem saber se eu queria ter prazer ou me ver livre daquele martírio.

Com o pintinho tipo bico de chaleira, pois ainda não tinha feito minha operação de fimose, fui me "aprochegando" ao meio das pernas dela. Mas não é que a filha da puta não me deixou trepar? Ficou deitada de lado e, enquanto eu tentava fazer o que imaginava ser uma relação sexual, a desalmada cutucava o esmalte das unhas.

Não preciso dizer que fiquei um bom tempo sem procurar uma mulher. Haja mão direita, mão esquerda e quadrinhos do Carlos Zéfiro! Quando aparecia uma revista estrangeira com fotos de mulher pelada, então, nossa senhora!

A experiência pra valer veio aos 15 anos. Mamãe tinha contratado uma empregada razoavelmente gostosa, e eu ficava me corroendo pelos cantos da casa, inquieto e deprimido. Meu pai sacou que podia ser falta de mulher. Me chamou na conversa.

— Não é nada não, pai, estou preocupado com as provas. Tenho dificuldade em matemática, não estou conseguindo me concentrar...

Para quem sabe ler, um pingo é letra. Isso foi logo depois do almoço, naqueles bons tempos em que todos almoçavam em casa.

— Vou te ligar do escritório. Me espera.

Ele não disse o que ia fazer. Fiquei na expectativa.

— Marcelo, faz o seguinte: vai na rua Mariana número tal e procura a dona Zélia. Ela está te esperando. Quatro da tarde, não falha.

— Ok, pai.

Toquei a campainha às quatro em ponto. Atendeu uma senhora, e eu disse o meu nome. No primeiro passo porta adentro, vi uma morena deslumbrante, com uma saia justa de lã mostrando as coxas e uma blusa branca propositalmente desabotoada na medida certa da imaginação dos seios. Fui direto, me sentei e lhe tasquei um beijo na boca. Ainda deu pra vêla arregalando os olhos pra dona Zélia, como quem diz: Nossa, este chegou com tudo!

Mas, a partir daí, foi um carinho só. Agora, sim, eu tinha arranjado alguém pra valer.

— Vem, meu querido, vem aqui pra dentro.

Eu tinha chegado ao paraíso.

Na semana seguinte eu queria de novo, e de novo, e de novo. Só que eu tinha que pedir dinheiro ao meu pai, que não era tão abonado assim. Três mil dinheiros por vez, o lugar era um dos melhores. Fiquei com vergonha de continuar pedindo e tratei de arranjar um trabalho. Recebia por semana, mas era pouquinho. Então, a Luana concordou em me dar uns descontos. Como tudo tem um preço nesta vida, ela pedia que eu fizesse sexo oral, o que não era tão corriqueiro naquele tempo.

— Beija aqui, meu amor. Só aqui em cima, que é limpinho.

Eu não gostava, mas atendia, meio que rapidamente.

Acontece que uma experiência dessas tinha que ser contada, caso contrário não valia. Levei alguns amigos meus lá. A gente ia nas tardes de sábado e ficava nos fundos, onde tinha uma mesinha redonda e umas cadeiras, ambiente ideal para a nossa chacrinha. Chegava uma, chegava outra, e a gente ficava ali de galinhagem. Até que um dia a Luana estava ocupada, e uma novata lourinha, muito bonita, se engraçou comigo. Não tive dúvidas: executei a moçoila.

Quando saí do quarto, a Luana estava na porta.

— Filho da puta, me traindo! Agora me paga, agora me paga tudo que você me deve!

Só em puteiro desconto vira dívida. E eu tive que pagar.

Mas, como diz o ditado, "quando você variar, não vai querer outra vida". E foi o que aconteceu. Eu nunca fui um sujeito comedido. Quando fumava, eram três maços por dia. Quando bebia, era todo dia. Quando tomei gosto pelo sexo, chegava no puteiro e queria comer todas elas. Só que a quantidade me exigia preços menores. E da casa da Zélia eu passei por todos os becos de baixa categoria da cidade. Peguei quase todas as doenças venéreas da enciclopédia médica. Fiz tanta merda sem qualquer resquício de amor que acabei me cansando e me amarrando aos 23 anos. A partir de um sorriso bonito, minha mulher me fisgou fácil, fácil.

O Miguel, meu amigo de putaria, reclamou de coração.

— O Marcelo se casou e eu fiquei viúvo.

GAROTINHO PRECOCE

Foi lá nas vizinhanças da Rebeca e da Beatriz que meu pai comprou nosso primeiro apartamento. Era no bairro da Serra, em Belo Horizonte. Apesar da timidez, acabei conhecendo uma turminha que se reunia a uma quadra e meia lá de casa. Eu vinha de um lugar um pouco temerário. Era pertinho do cemitério do Bonfim, e os meus amigos eram os filhos dos coveiros. Quando tinha um enterro de rico, com muita gente, nós íamos ver. Aquelas mulheres todas chorando, e eu não sentia nada! Será que não?

— Vamos embora. Pega o bodoque, vamos. Tem muito calango no tanque de ossos.

Cada um pegava seu carrinho de rolimã e se mandava, fazendo barulho pelo cemitério afora.

Quando chegava o dia de finados, a gente aproveitava para vender umas velas. Mas, com todos os apertos do meu pai, eu parecia rico perto daqueles meninos. Um deles, coitado, costumava engraxar o mármore das sepulturas para levar dinheiro pra família. Até que uma pedra se desprendeu e abriu a cabeça dele ao meio. Foi uma cena horrível, ver o corpo morto de um menino tão pobre, com a cabeça ensanguentada, deitado em cima da sepultura de uma família tão rica. Por essas e por outras, hoje em dia eu me recuso a comparecer a velórios, enterros e missas de sétimo dia.

— Não tenho que ir porra nenhuma.

Para mamãe, foi um alívio sair daquele lugar, tirar seu único filho, literalmente, do cemitério. Meu pai trabalhava na RKO Radio Filmes, que tinha sido comprada pela Rank. Na transição, ele foi indenizado e continuou empregado. Já dava para comprar apartamento, pois mais de dez anos de casa davam direito a estabilidade. A legislação trabalhista herdada de Getúlio Vargas funcionava mesmo. E, pela primeira vez, eu frequentava a classe AB. Meus novos amigos tinham casa própria, algumas de dois andares. Na garagem já apareciam os primeiros carros. Quem vinha do Bonfim, do outro lado da cidade, era visto com alguma reserva, mas, afinal, eu tinha olhos verdes, sacou?

Da minha idade só o Rogério, um coitado que tinha o rosto queimado. Nada que as plásticas de hoje em dia não pudessem amenizar, só que naquele tempo a medicina estava bem atrasada. Os outros caras eram uns quatro anos mais velhos. Alguns já tinham feito 18. E judiavam. Não sei quantas vezes me agarraram pelos braços, um de cada lado, e me fizeram correr pra trás. O problema era que, com o coração ferido, eu nunca soube perdoar. Um dia dei um bico com toda força na canela do Sérgio, que era um dos que mais me sacaneavam. Se eu soubesse que aquele chute seria o passaporte para o meu respeito, tinha lhe aplicado bem antes. Mas, quando se é pequeno, coragem não se ganha instantaneamente.

Naquela esquina da rua Muzambinho com a rua do Ouro, apenas três quadras abaixo da rua Ramalhete, que o Tavito e o

Ney Azambuja tornaram famosa através de uma canção, eu ganhei minha alforria, embora de uma forma muito dolorosa. Minha segunda irmã, Margareth, estava com um aninho quando teve uma febre alta. Somente uma semana depois o médico suspeitou de meningismo. Ela foi internada no mesmo dia e morreu à noite: o exame do líquido da espinha apontou meningite. Minha mãe chorava muito, inconsolável. Foi quando papai me mandou sair à noite para encontrar os amigos, sair daquele ambiente pesado lá de casa. Até então, eu tinha que me recolher ao pôr do sol.

> Sem querer fui me lembrar
> de uma rua e seus ramalhetes
> o amor anotado em bilhetes...
> quanta saudade!

Foi assim mesmo, fiquei apaixonado pela Helena Antipoff, neta da veneranda dona Helena Antipoff, da família real da Rússia. Como todos os outros casais que se formavam naquela turma, namorávamos com todo respeito, mas escondidos numa rua mal iluminada da vizinhança. Os irmãos dela bateram com a língua nos dentes, e a mãe, que era psicóloga como a avó, deixou o namoro continuar, desde que fosse em frente da sua casa. Fui uma noite só, morri de vergonha e terminei o namoro. Nada mais platônico, nada mais atrapalhado. Nem pegar na mão do meu amor eu peguei. Depois eu mudei de lá e fui reencontrá-la no primeiro ano de jornalismo. Éramos da mesma sala. Quando vi aquela aliança na mão direita, tratei de ficar longe. Que pena!

Mas eu estava falando do início da minha formação, com aquela avançada turma do bairro da Serra. Os mais velhos jogavam xadrez, liam Bertrand Russell e ouviam música clássica. Um deles, o Lincoln, ainda por cima resolvia problemas imensos de física com um giz, rabiscando as calçadas. Dizia que ia ser físico nuclear.

Pois foi Lincoln quem me serviu de exemplo. Como lá em casa tinha garagem mas não tinha carro, ele nos incentivou a formar um clube de xadrez, com o pomposo nome de Clube Torre Negra. Um tenente da PM ajudou, mandando fazer mesas e cadeiras na marcenaria da corporação. No primeiro campeonato, o Lincoln era franco favorito e sofreu um empate, não me lembro mais com quem. Eu não tinha nem a metade dos conhecimentos teóricos dele, mas tinha uma intuição dos diabos. Ganhei de todo mundo, empatei com ele e levei a taça do primeiro lugar. Precisava ver a cara do cidadão!

O Lincoln também me levou para conhecer o Clube de Xadrez de Belo Horizonte. Chegando lá, só tinha uma criança, o Tampinha, que morava perto, no centro da cidade, e não tinha onde brincar. Nosso jogo era mais ou menos equivalente, mas não dava para ganhar dos grandes. Também não levávamos de goleada. Meu pai me deu uma pá de livros para estudar xadrez, e eu já estava ficando alucinado com aquele negócio, quando abri os olhos e determinei: se não parar de jogar, vou tomar bomba no colégio. O Tampinha não parou. Ficou atrasado na escola, ganhou o campeonato brasileiro, e mais tarde eu soube que se suicidou, não sei por quê. Pela multiplicidade de jogadas, dominar o tabuleiro pode se tornar uma obsessão. Mais ainda porque é um confronto de egos. A gente destrói o adversário e vice-versa. Me lembro de que, muito tempo mais tarde, voltei a jogar pela Internet e readquiri um certo treino.

Consegui um lugar numa simultânea do Grande Mestre Internacional Gilberto Milos contra 21 tabuleiros, em São Paulo. Três conseguiram o empate, inclusive eu. Definitivamente, pela cara que fez, ele não gostou nem um pouco de ser afrontado assim por três "capivaras" (é como os cobras chamam os maus jogadores). Alguém já disse que o xadrez é uma habilidade inútil, só serve para jogar xadrez. Eu discordo. O jogo me ensinou a pensar estrategicamente, a procurar prever os próximos lances que as situações nos oferecem e as possíveis reações das pessoas. Também me ensinou a tática, me mostrou como procurar a precisão nas situações mais imediatas. Quando não me esqueço de que sei jogar, evito muitas atitudes precipitadas na minha vida. É um ótimo treinamento também para a concentração.

Além do xadrez, naquela fase de primeira adolescência, fui apresentado ao renomado filósofo Bertrand Russell. Quando terminei de ler *Porque não sou cristão* já não acreditava mais em Deus, já não ia mais à missa. Apenas uma lembrança me fazia balançar um pouco. Foi quando eu voltava de uma comunhão, ainda bem criança. Caminhando de volta pra casa, eu fui integralmente tomado por uma sensação muito boa e luminosa. Parecia Deus. A racionalização dos livros, porém, me levava a desautorizar aquele sentimento.

Muito mais tarde, quando passei pelos primeiros perrengues financeiros, minha autoconfiança entrou em baixa e fui encorajado a procurar guarida na espiritualidade, começando por alguns médiuns conhecidos da família. Minha busca percorreu vários caminhos: Alan Kardec, autoajuda, New Age, cabala, budismo, taoísmo e cristianismo, além de correntes filosóficas e científicas que procuram explicar Deus.

Fora as leituras, aonde eu mais gostava de ir era à casa de três médiuns, em São Paulo: a mãe e suas duas filhas gêmeas.

Elas geravam uma corrente do bem que realmente me fazia sentir melhor. Eram sempre muito otimistas quanto ao meu futuro. E quem não quer ouvir boas perspectivas de vida, principalmente quando se está em baixa? Uma delas, com quem eu mais me identificava, me escreveu sobre o meu guia espiritual. Chama-se Gerensken, originário de um pequeno país, hoje extinto, entre a China e a Mongólia. Altamente instruído, um sábio, ele reencarnou como médico, escritor, poeta e é profundo conhecedor da ciência e do comportamento da raça humana. Usa uma pedra amarrada à testa, na forma de uma estrela de cinco pontas. Tivemos muitas reencarnações juntos.

Você acredita se quiser. Eu também. Mas que eu gosto da ideia, isso eu gosto. Só não gostei quando fui a uma outra médium, que sabia falar sobre vidas passadas. Ela tinha uma ajudante, e as duas sabiam preparar o ambiente. Luz meio roxa, incenso, música relaxante, maca confortável e... 90 dinheiros. Numa das minhas vidas, eu fora um palaciano, na França. Fiz muitas fofocas, mandei muita gente para a guilhotina. Isso foi em 1722 e era isto que eu estava pagando hoje em dia, um carma e tanto.

— O quê? 1722? A guilhotina só foi usada na França em 1792, minha senhora, durante a Revolução Francesa.

Levantei-me bruscamente, caindo na real.

— O senhor não deve levar em conta as datas, que a gente não enxerga bem. O importante é o que aconteceu.

Tá bom. O melhor que o senhor deveria fazer é se aplicar no trabalho, Sr. Marcelo. Com ou sem reencarnações, estou convencido de que Deus existe, embora não saiba o que seja. Tantos e tantos povos, em diferentes períodos da história, reconheceram a(s) divindade(s) que acho improvável que não tenham sentido a Sua existência. Eu é que jamais senti. Por isso não sei rezar, mas penso que a vida seria bem mais leve se soubesse.

BOBO E VIOLENTO

Na qualidade de filho único de mãe pra lá de protetora, fiquei até mais ou menos os 7 anos de idade debaixo da saia dela. O excesso de zelo chegava ao ponto de que eu tinha que brincar sem sujar a roupa. Isso mesmo, minha mãe me vestia de linho branco e me levava para o parquinho. Chegando lá, eu tinha que arranjar um jeito de brincar e voltar todo impecável. E apanhava, pensa que não? Quando ela fazia doces por encomenda, enchia a mesa de bombons, que eu, prontamente, me dispunha a colocar inteiros na boca. Era guloso pra danar. Mas o tapa vinha na hora.

Como era pesada a mão da minha pobre mãezinha! Tudo que eu queria fazer era proibido. Cada tapa! Acho que foi por isso que cresci com os braços meio curtos, meio desproporcionais. E a minha habilidade manual foi pra tonga da mironga do kabuletê. Hoje em dia, dou nó nos dedos diante da menor dificuldade.

Quando eu saí pela primeira vez sozinho tinha perto de 8 anos. Havíamos mudado para os fundos de uma casa geminada na Barroca. Meu pai, coitado, suava para complementar a renda que a cinematografia não nos proporcionava. Ele tinha um título pomposo — gerente da RKO Radio Filmes — e era encarregado de toda a distribuição de filmes daquela companhia em Minas Gerais e no Espírito Santo. A RKO distribuía também Walt Disney, que todos amávamos. Mas a realidade do fim do mês não era nada brilhante. E ele resolveu arrendar um bar que ficava no prédio do Cine Amazonas. Minha mãe ajudava no bar, não tinha mais todo o tempo para tomar conta de mim. E assim foi ganha a primeira alforria.

— Vá pra rua, menino. Arranja aí uns amigos — disse ele.

Já pensou um menino bobo, andando pela rua para ver se encontrava uma cara amigável, olhando uma pelada num lote vago sem nunca ter jogado bola? Haja falta de jeito! Fui parar num barranco de terra vermelha, onde uns possíveis amigos jogavam bola de gude. A um minuto do primeiro tempo, os mais velhos perceberam que eu era um bunda e resolveram tirar sarro. Chamaram um outro garoto do meu tamanho e provocaram uma briga entre nós.

— Dá umas porradas nele, Taquinho. Mostra que aqui não tem florzinha, não.

Até então, tudo que eu queria na vida era ser aceito. Como eu era bonzinho! Mas o Taquinho me deu na cara. O sangue me subiu, fiquei mais vermelho que uma beterraba. E pulei em cima do garoto, quase esganei o filho da puta. Mais tarde eu viveria muitas outras situações de ódio na minha vida, algumas expressas pelas agressões físicas, outras pelas agressões verbais.

Continuei meio bobo, minha ficha sempre foi analógica até cair. E sempre tive muita necessidade de ser aceito, de fazer aquilo que esperavam de mim. Mas, no descontrole, confesso que tenho medo das minhas emoções.

AFINAL, APANHAR FAZ BEM?

Eu sempre fiquei muito dividido nessa história de como educar melhor os filhos. O capetinha sai pela casa cometendo as maiores atrocidades. Vem a mãe.

— Marquinhos, para com isso.

O capetinha continua. Surge o pai, balançando o bicho pelo braço.

— Eu já falei que não pode fazer isso, porra!

O capetinha dá uma folga. Depois continua.

— Esta semana não tem mais sorvete. E domingo também não tem clube.

— Você continua que eu vou te encher de porrada, isso sim.

Entre les deux, mon coeur balance.

Talvez nem balance. Eu fui criado num tempo meio confucionista, em que filho tinha que respeitar os pais. Sem essa de não concordar. Papai mandou, tá mandado. Normalmente uma reprimenda verbal era o suficiente. Me lembro de que meu pai ficava sentado de um lado da mesa, eu do outro, e ele ia apontando meus erros enquanto meus olhos se enchiam de lágrimas. Quase sempre era depois do jantar.

Mas, quando as palavras não bastavam, saí de baixo. Eu só tinha uma irmã viva, sete anos mais nova do que eu. E tinha um ciúme visceral dela. Quem dividiu a atenção, quem ficou com meu banquinho, quem ousava brincar com os meus brinquedos? Sempre que eu podia, espezinhava a vida da pobrezinha. E, por ser homem e muito maior, adivinhe quem é que apanhava... Pois bem, pois mal. Certa manhã de domingo, eu ainda estava com os olhos cheios de remela, tasquei-lhe um chute, porque tinha se sentado na minha cama. Meu pai estava por perto e ficou fulo da vida com aquela judiação. Tirou o cinto da calça, dobrou ao meio e me aplicou umas boas correadas. Atenção: não foi inesquecível pela dor, foi pela fisionomia dele.

Depois disso, ainda usei alguns pacotes de maldades contra a minha irmã. Era uma compulsão irresistível. Anos mais tarde, já na fase adulta, meu coração se enche de remorsos. Tão meiga, tão boa, tão sofrida...

Agora, quer ver um belo exemplo de castigo físico mais que educador? Eu tinha cinco anos de idade e fazíamos a nossa primeira viagem ao Rio de Janeiro. Passeio obrigatório: Corcovado. Meu pai, naquela época, era tarado por fotografia. E, obviamente, queria registrar os momentos.

— Marcelo, vem tirar uma foto com a sua mãe.

...

— Marcelo, vem cá. Vem tirar um retrato.

Menino de opinião e vontade forte que eu era, caí na besteira de contestar.

— Agora não quero.

Foi o puxão de orelha mais dolorido da história. Da murada onde eu estava até os pés do Cristo. Doeu aquela semana inteira, e dói até hoje, sem brincadeira. Nunca o pátrio poder ficou tão explícito para mim quanto naquele dia.

Eu bem que quis exercer esse pátrio poder com os meus filhos, quase sempre verbalmente, umas poucas vezes com violência física. Sei que eles me respeitam, me ouvem e estão razoavelmente bem-criados. Mas os tempos são outros. Já fui contestado muitas vezes, fiquei fulo da vida, não sei se porque não quiseram me obedecer ou se porque eu é que não queria ser contrariado.

Com a palavra, os psicólogos.

ETA MARZÃO BESTA!

Naquele tempo os tempos eram outros. A gente tirava férias todo ano. Papai comprava umas cotas que as imobiliárias vendiam — davam direito a duas semanas à beira-mar, um ano nas férias escolares, outro ano fora delas. Então ele comprava duas cotas e garantia o janeiro. O sistema permitia uma espécie de rodízio: nesse ano estávamos em Guarapari, no outro em Cabo Frio, no ano seguinte no Rio de Janeiro — uma verdadeira glória para quem saía de Belzonte. E olha que a gente viajava de avião: DC-3 até Vitória, DC-3 até o Rio — balançava pra cacete, mas férias são férias!

Sempre tinha uma história nova. Certa vez, a caminho de Cabo Frio, o dono da imobiliária prometeu duas noites em Copacabana. Chegamos na rua Almirante Gonçalves, em Copacabana, e não tinha vaga. Papai não teve dúvidas: rumou comigo, minha irmã e minha mãe para o Hotel Miramar, pegou uma suíte dupla com varanda e mandou a conta pros caras. Para mim, que era um mineirim classe média baixa, aquele hotel era um problemaço. Como sair de calção por aqueles tapetes vermelhos? Como usar o talher certo no restaurante?

Deixa pra lá. Depois veio Cabo Frio, onde não tinha água e faltava luz, mas a praia era o máximo...

Teve um ano que eu me ferrei por completo. Estava na quarta série do ginásio e só pensava em namorar. Ia mal em todas as matérias, sobretudo em matemática, ciências e inglês, e decidi comigo mesmo que ia tomar bomba.

— Ano que vem eu faço direito.

Só que o meu pai não comprou o discurso. Resolveu dar um pulo no colégio e falar com o diretor.

— Que nada, mande ele estudar. Ele tem direito a três matérias em segunda época, faz um cursinho de férias e passa.

E lá foi a família pra Guarapari. Eu fiquei na casa da minha vó, no bairro do Bonfim, pra poder frequentar o cursinho do Prof. Mario de Oliveira e estudar feito um corno o resto do dia. O diretor acertou: raspei todas as traves e acabei passando.

Guarapari era um espetáculo. Da janela do nosso edifício dava pra ver um chuveiro coletivo onde se tirava a areia do mar antes de entrar em casa. As meninas baixavam o sutiã, depois parte da calcinha, se espichando debaixo do chuveiro, fazendo a água procurar os últimos grãozinhos de areia — tesão completo. À tarde eu passeava pelo lugar, até que um dia surgiu uma loura esplendorosa mexendo comigo pela janela. Não era bem o meu tipo, porque era grande demais. Eu gostava daquelas que cabiam no meu abraço, mais aconchegantes. Mas namorei a garota, não podia recusar mulher me chamando.

Ela era carioca, já tinha sido capa da revista *O Cruzeiro*, imagine. E um dia eu saí de Minas só para dar uns beijos naquele monumento. Ela me levou numa festa lá na Lagoa, numa cobertura toda envidraçada, uma maravilha. O que não deu certo foram aqueles canapés com umas bolinhas pretas.

— Que negócio ruim é este aqui?

— É caviar.

— Ah!

Teve uma outra viagem em que ficamos em Copacabana. Na rua República do Peru. Chegamos debaixo daquele chuvisco chato. E o meu pai, do alto do seu otimismo incontrolável:

— Vamos pra praia, vamos pra praia.

— Mas tá chovendo, pai.

— Que nada, rapaz. O tempo está ótimo. Vamos tomar nosso primeiro banho de mar do ano!

Mamãe e minha irmã preferiram ficar arrumando as coisas. E lá fomos eu e ele, para defronte do Copacabana Palace, uma glória. Sentamos os dois debaixo daquele chuvisco fino e ficamos olhando o mar, como bons mineiros. A bandeira era vermelha, mas os dois idiotas entraram bem ali, no olho da correnteza. Eu tinha alguma prática da piscina do Minas Tênis Clube. E o benefício da juventude, lógico. Mas o meu pai tinha aprendido a nadar depois de adulto, uma verdadeira lástima. Pouco tempo depois, tínhamos perdido o pé.

As ondas passavam por cima da nossa cabeça, e tudo que eu via era papai cuspindo água do mar, colocando queixo, boca e nariz com dificuldade para fora d'água. Resolvi segurá-lo pelo cotovelo, mantendo seu rosto mais pra cima, enquanto eu afundava a cada onda. Engraçado, eu não pensava em mais nada, não tinha nem noção de para que lado estávamos indo. Bem, para a areia é que não era. Foi quando surgiu um salva-vidas e segurou o velho do outro lado. Larguei na hora. E veio outro salva-vidas — que nome abençoado —, ajudando o primeiro. Eles foram nadando, contornando a corrente e me ensinando o caminho. Quando chegaram na praia, com água pelo joelho, eu ainda estava nadando. Ufa! Os dois grandes nadadores das Minas Gerais estavam salvos!

Você se lembra da Rebeca, aquela grande frustração dos meus 11 anos e qualquer coisa? Pois é. Ela foi morar no Rio de Janeiro, diziam que era aeromoça. Palavra mágica. Aeromoça significava liberdade, mulher emancipada, amor livre. Rebeca era aeromoça, e eu precisava me encontrar com ela de qualquer jeito. Papai me emprestou a chave, e lá fomos eu e mais dois amigos recém-chegados à fase adulta, num fusquinha, cheios de tesão para o Rio de Janeiro. Ficamos naquele apartamento da rua Almirante Gonçalves. Diga-se de passagem, para nós, mineiros dos anos 60, o Rio também significava liberdade, mulheres prontas para o amor, todas maravilhosas. Chegando ao Rio, diretos para o aeroporto Santos Dumont, pois a última notícia era de que a Rebeca trabalhava no balcão da VASP. A ideia era que ela arranjasse mais duas amigas pra gente promover uma festa lá no apartamento. Já tínhamos até comprado um champanhe nacional de primeira (?) qualidade. A Rebeca estava uma gostosura e, de fato, nos apresentou as duas amigas, cada uma melhor que a outra. Só que uma delas cochichou:

— Esse garoto está entusiasmado demais, cuidado.

Era eu, traído pelo excesso de imaginação e pelos olhares. Adivinhe se elas foram... Ficamos esperando, feito uns paspalhões.

A vontade que deu foi de me afogar de vez.

A BÊNÇÃO

Mesmo considerando algumas crises de depressão, o melhor período da minha vida foi, seguramente, dos 14 aos 19 anos. Foi o período do viver agora, do deixar a vida me levar. Não que fosse uma vida irresponsável, mas a crença era de que o futuro estava garantido, não havia por que se preocupar.

Eu morava no bairro Santo Antônio, em Belo Horizonte, na ponta de um triângulo perfeito com o Minas Tênis Clube e o Colégio Estadual. A aula estava chata, matava-se a aula. Era só pegar a sunga e cair na piscina. Se não quisesse nadar, era só andar duas quadras para encontrar com a turma da Levindo Lopes.

Horas dançantes duas vezes por semana, namoros, putas depois do namoro. O primeiro carro, o primeiro emprego, o "milagre" econômico — tudo aconteceu naquela época. (Depois tivemos que pagar os juros dos empréstimos que sustentaram os militares, mas isso é uma outra história.) Jamais vou me esquecer de como as amizades eram sinceras, não só entre nós, mas com os pais também. O pai do Levi, por exemplo, era um médico das antigas, que um dia foi chamado às pressas lá em casa porque eu estava com febre. Mandou eu tirar a camisa e viu uma porção de manchinhas.

— É sífilis. Vou mandar tirar o sangue para confirmar, mas é sífilis. Vamos começar o tratamento com 18 ampolas de bismuto. Depois, 12 de Benzetacil.

A enfermeira do hospital que existia na frente do meu prédio morria de dó do meu bumbum — assim ela dizia. Mas curou. Foi também o Dr. Levi quem me operou de fimose. Não esqueço quando ele trouxe aquela pele toda numa pinça e me mostrou.

— Este pedaço está perdido, mas o resto vai continuar funcionando...

Outros que deixaram saudades foram o pai do Miguel e sua mãe, dona Angelina. Me tratavam como filho e, aos domingos, serviam um almoço árabe que falava aos deuses. O Sr. Miguel era um camponês sírio que chegou ao Brasil com uma mão na frente e a outra atrás, mas era forte como um touro, trabalhava como um mouro e tinha recebido uma pequena ajuda da colônia. Tinha sofrido um câncer na garganta e não falava, apenas sibilava. Na cirurgia, tinham feito um buraco em seu pescoço, pelo qual ele respirava e limpava as secreções. Eu me acostumei em pouco tempo, mas notava algumas pessoas virarem a cara pro outro lado. Também quase ninguém entendia o que ele queria dizer. Por esforço de simpatia, acabei aprendendo.

O Sr. Miguel montou um armazém no bairro da Renascença e, depois de uma vida, conseguiu construir a casa própria e comprar um fusquinha, que balançou um bocado nas nossas farras. O Miguelzinho também começou a vida profissional com um armazém que o pai ajudou a montar. Diziam que era o comprador mais chato e implacável do atacado belo-horizontino. Hoje em dia é um dos mais bem-sucedidos construtores e incorporadores da cidade. Não é pra menos.

— Eu contava brita, Marcelo. Eu contava brita.

Essa amizade ficou pra valer. Nós nos tratamos como irmãos.

A turma se reunia a duas quadras lá de casa, na saudosa rua Levindo Lopes. As circunstâncias das reuniões eram absolutamente improváveis em qualquer lugar, em qualquer época. Regulando conosco na idade, havia os irmãos Doorgal, Eudoro, Gaça e Dila. A casa deles tinha uma varanda bem grande, cheia de cadeiras e almofadas. Já imaginou dezenas de adolescentes, homens e mulheres, na maior algazarra, todos os dias, naquela varanda? A hospitalidade chegava ao requinte de deixar a porta aberta com uma garrafa de café na sala de jantar, ao lado do telefone. Para o caso de um de nós chegar de madrugada e precisar rebater os efeitos de uma cuba-libre...

Nunca entendi aquele negócio. Mas usufruía, e gostava muito dos meus amigos. Às vezes temos dificuldades em entender as coisas mais simples. Tudo que os pais deles queriam é que cada um de nós, quando chegasse, fizesse a deferência.

— Bença, pai, bença, mãe.

PARTE 2

ENCARANDO EMPREGOS

Foi a partir do meu primeiro cargo de grande responsabilidade que o diagnóstico apareceu: "Psicótico maníaco-depressivo." Puta merda! E eu ainda saí do hospital achando que estava tudo bem. Vamos ver se estava mesmo...

O PRIMEIRO EMPREGO

Lá em Belo Horizonte tinha um tal de SOSP — Serviço de Orientação Profissional que procurava determinar nossa vocação e orientava para o trabalho. Bastava dormir uma noite na fila que a gente conseguia um lugarzinho de graça. Depois de um mês de testes, tudo que eu consegui descobrir era que gostava de som "porque todo boneco que você desenha tem orelhas" e que talvez, isso mesmo, talvez eu devesse cursar jornalismo. Resolvi pagar pra ver.

No dia em que falei pra papai que eu precisava trabalhar, tinha 16 anos. Não houve dificuldade nenhuma. Ele me levou à sucursal de *O Globo*, cujo gerente comercial era o João Veras, amigo dele de longa data. O João pegou o jornal do dia e pediu para eu reescrever uma notícia. Chamava-se "cozinha". Tasquei lá: "Pelé inaugura hoje os refletores do Mineirão." Quando ele leu, exclamou:

— Rapaz, tá melhor do que o original!

Ato contínuo, ligou para o dono de *O Debate*, um semanário especializado em esportes que existia naquela época. E praticamente exigiu uma coluna sobre rádio, TV e propaganda que eu deveria escrever. Não fiquei muito satisfeito com aquele assunto e resolvi assinar com pseudônimo: "Pimenta." Além da experiência, eu não ganhava nada. Meu trabalho era visitar as agências de publicidade e os veículos de comunicação durante a semana, procurar saber o que havia de novo e fechar a coluna. Mas para o João era bom, porque ele ficava sabendo em primeira mão de tudo que acontecia no mercado. Estagiário é para essas coisas...

O problema é que eu não sabia ficar malsatisfeito. Com pouco tempo entrei em depressão e desisti. O negócio funcionava assim: quando eu não tinha dinheiro, entrava em depressão; quando alguma coisa mais séria me chateava, entrava também. Eu era turrão comigo mesmo. Mas, se o problema fosse resolvido, a depressão passava sem precisar tomar remédios.

Não havia problema de emprego naquela época. Bastou papai dar um telefonema, e o irmão do João, Mario Veras, me deu um estágio na Arco-Artusi Propaganda. Eu adorei. Jornalismo era em preto e branco, sujava a mão; propaganda era em cores, tudo bonito. Além disso, a gente fazia muito *spot* de rádio e textos para comerciais ao vivo na TV: tínhamos a conta de um varejão, a Bemoreira-Ducal, e eu adorava passar as tardes no estúdio, gravando.

Durou pouco. O velho Artusi apareceu na agência, aprontou uma brigaria desgraçada e fechou a filial. Tínhamos um diretor de arte chamado José Maria da Silva, que era um craque. Computadores não existiam, e ele colocava aquelas folhas grandes de papel no chão e fazia os *layouts* a pincel. "Avante, Tupinambá!" Não me esqueço daquele cartaz, feito para um clube de futebol de Juiz de Fora. A bandeira tremulava nas mãos do torcedor como se tivesse vida. Cheguei pra ele, todo tímido.

— Zé, a agência vai fechar, o que você vai fazer?

— Vou voltar para o meu escritório lá na avenida Amazonas.

— Posso ir com você?

— Poder pode, mas eu não tenho dinheiro pra te pagar.

— Não tem importância. Eu quero aprender.

No princípio, éramos eu, ele e o Miranda. Este era arte-finalista, daqueles que ainda montavam composição com a pinça. E tinha uma peculiaridade: era poeta. Dobrava uma folha A-3, colocava na máquina de escrever e produzia tiras e mais tiras de poemas absolutamente apaixonados sobre amores impossíveis. Além disso, gostava de uma purinha, muitas doses de purinha. Um dia, saímos para almoçar e deixamos o coitado debruçado em cima de umas artes-finais de bulas de remédios. Já pensou, montar bulas de remédio na pinça? Do almoço, fomos para uma reunião. Quando voltamos, nosso poeta estava completamente bêbado, dormindo debaixo da prancheta.

Apesar de tudo, o negócio prosperava. Com a mais absoluta ingenuidade, eu tirava uma reta na avenida Santos Dumont, por exemplo, e visitava um por um aqueles atacadistas, de porta em porta. Oferecia logotipos, cartões de visita, calendários, rótulos, pequenos anúncios, tudo que pudesse ser produzido graficamente. No fim de um ano, tínhamos 110 envelopes de trabalhos realizados. E o Zé Maria, sob a bandeira da Equipe J.M. Silva Desenhos, foi trazendo mais gente. Eu ganhava uma semanada de 30 dinheiros. Já dava pra zona, estava ótimo.

Até que surgiu a oportunidade do primeiro emprego de carteira assinada, aquele que consta no currículo: McCann Erickson Publicidade. O escritório de Belo Horizonte só tinha o gerente, uma secretária e um mensageiro. Eu era o assistente do Zabulon Serranegra de Paiva, um cara tão sábio e imponente como o próprio nome. Aprendi muito com ele e com aquela organização. O José Maria é que não gostou muito.

— Poxa, quando começa a dar lucro você vai embora?

Não adiantava. Eu decidia, tava decidido.

TRABALHO: PAGAMENTO OU PRAZER?

A vida seria bem mais fácil se a gente não precisasse de dinheiro. Mas, a menos que você tenha nascido superabonado, vai ter que trabalhar. Ter que... Detesto este verbo. Costumo dizer que eu só tenho que ir ao meu próprio enterro, mas, vira e mexe, esse maldito verbo aparece de forma imperiosa na minha vida. Tem que estudar latim, tem que passar no vestibular, tem que tirar o diploma, tem que conseguir um bom emprego... saco!

Eu não fui acostumado a fazer o que não gostava. Começando pelo fato de que fui filho único até os sete anos de idade. Depois tive uma irmã, e continuei único filho homem.

Pois bem, quando eu queria matar aula, a opção era minha. O colégio não tinha muro — era uma experiência que fizeram no Colégio Estadual de Minas Gerais naquele tempo. Mas o ônus também era meu: os professores não aliviavam na lista de presenças nem nas notas. Noutro dia passei por lá e o colégio está murado. Uma pena! Deixaram de ensinar responsabilidade, amor-próprio, autoconfiança, iniciativa e uma série de outros valores.

Eu também não gostava de matemática, não queria saber de exatas. Existia a opção do curso clássico, que de chato só tinha o latim. A gente passava cola até dentro do guarda-chuva, tudo bem. Depois estudava pra valer o que gostava. Colégio bom de cursinho não carece. Passei fácil no vestibular e fui estudar jornalismo. O curso era uma bagunça federal — Universidade Federal de Minas Gerais. Um dia não tinha professor, noutro dia mudavam o currículo, no outro tinha passeata contra a revolução.

Aliás, diga-se de passagem, eu não tinha a menor afinidade com os movimentos estudantis contra a revolução. Em parte porque estava meio alienado sobre o que realmente estava acontecendo em nosso país — o Brasil crescia, emprego não era problema, para mim bastava. Por outro lado, porque achava todos os movimentos políticos por demais imperfeitos para que eu me engajasse. Quando a Dilma Rousseff deixou a nossa classe no Colégio Estadual para entrar na luta armada, por exemplo, achei que ela tinha pirado. E mais não tive curiosidade de saber. Voltei a ouvir seu nome no governo Lula, quando reconheci aquela colega de opiniões firmes, quase intransigente, dos tempos do curso clássico.

Acabei mandando o curso de jornalismo para o espaço. Eu já estava trabalhando em propaganda e achando ótimo. Nem ao menos tranquei a matrícula. Fui trabalhar na convicção de que jamais ia precisar daquele diploma — ledo engano.

Minha autossuficiência era um espetáculo e o mercado ajudava. Com pouco mais de um ano de casa na McCann Erickson Publicidade de Belo Horizonte, fui convidado para ser contato de agências da TV Globo, ganhando duas vezes mais. Deu até para comprar o primeiro carro, em 24 meses. Um belo dia o chefão me chamou e me repreendeu. Achei que ele não tinha razão, coloquei o orgulho na máquina de escrever e joguei a carta de demissão na sua mesa.

Procurei a Esso, minha cliente dos tempos da McCann, e comecei na semana seguinte. Naquela empresa, com a saída de alguns funcionários, foram me dando funções para acumular: Merchandising e Promoções, Venda de Pneus, Estudos de Retail Marketing Development. Como não havia computador, a papelada era fenomenal. Eu tinha três mesas e ficava pulando de uma para outra conforme o assunto dos telefonemas. Também alternei outras funções do lado de fora: instrutor de revendedores, até gerente de posto de gasolina eu fui.

Em paralelo, minha noiva (nessa altura eu já estava noivo, disposto a deixar a vida boêmia de lado) me dava seguidos puxões de orelha para que eu voltasse a estudar. O bom amigo Miguel, que estudava engenharia, me ensinou matemática — o suficiente para tirar nota quatro. E o pai da noiva, que era professor de economia, me emprestou uns livros. Ficou fácil: o geniozinho passou em sexto lugar no vestibular de administração da FUMEC para ter que aturar matemática, estatística e outras chatices à noite, depois do trabalho.

Eu achava que podia tudo, era um dominador de vinte e poucos anos de idade. E deu até para contrair matrimônio.

Quando surgiu uma oportunidade de ser gerente regional da Souza Cruz em Governador Valadares — eu nunca tinha morado no interior, minha mulher também não, mas achei que o dinheiro era bom — aceitei o cargo, abrindo mão do diploma de administração, pois naquela cidade não havia esta escola.

Impulso infeliz. Demorei quatro anos e meio para conseguir uma transferência para o Departamento de Marketing da matriz, no Rio de Janeiro. Enquanto a minha mulher chorava de saudades da família, eu tinha que passar 80% do meu tempo no campo, visitando bares, botequins e armazéns da região leste de Minas, todos sujos e empoeirados, pois o único asfalto existente era o da Rio-Bahia, nada mais. Nada mais mesmo. A cidade era tão ruim que o primeiro substituto que me arrumaram chegou com a mulher à tarde e resolveu pedir demissão à noite.

— Imagine! Nem televisão pega aqui! A imagem entra toda torta, e a gente só pode assistir à TV Tupi, aquele programa do Sílvio Santos, que horror!

Somos fruto das nossas escolhas? Pelo menos parcialmente, sem dúvida. Quando eu pedia minha transferência, o gerente da filial me dizia:

— Você quer ir para a matriz porque não conhece. Aquilo lá é um ninho de cobras.

Mas eu fui assim mesmo. Em Valadares é que não dava para ficar e eu já estava fora do mercado da propaganda, o meu mercado, há mais de seis anos. Para que se tenha ideia do ambiente saudável (eles diziam competitivo) que eu encontrei na matriz, quando voltei das primeiras férias vomitei de nervoso na porta da companhia. Só de saber que ia ter que passar mais um ano ali dentro.

Ter que ganhar dinheiro, ter que sustentar a família, ter que manter o emprego, ter que trabalhar onde a carreira é mais importante do que o ser humano. Quero fugir desta maldita expressão! Eu quero trabalhar onde me indica a vocação, quero um ambiente de trabalho saudável, mesmo que o dinheiro seja menor. E quero evitar trabalhos que me prejudiquem mentalmente. Tomar lítio todo dia, como se fosse um marca-passo, já é o bastante. Passei a vender para os meus familiares que eles precisam aprender a controlar sua ambição dentro dos limites da nossa saúde. Foi assim que eu passei a pensar, mas demorei anos...

HAJA CURSO!

Lá na Souza Cruz, virava e mexia, a gente era escalado para fazer um curso. Normalmente era em um hotel de Friburgo, Petrópolis ou Teresópolis, e durava por volta de uma semana.

No primeiro a que eu fui, estava carregado de remédios para a minha psicose maníaco-depressiva, ainda não conhecia o lítio, vivia dopado. Logo no primeiro dia, recebemos a visita de um inglesão, superdiretor da companhia, que foi fazer a abertura dos trabalhos. Adivinha se eu acordei na hora? Entrei salão adentro meia hora atrasado, sem café da manhã e com a barba por fazer — vexame total. Por sorte, o *concierge* era boa-praça e passou a me despertar pelo telefone todos os dias.

— Marcelo: Hora de acordar, Marcelo!

Cinco minutos depois:

— Marcelo, canta o hino nacional, vamos!

O segundo curso foi maior — coisa de uns 15 dias. Quando cheguei a Belo Horizonte, ao primeiro abraço, minha mulher foi logo avisando:

— Estou no período fértil.

— Foda-se!

E foi isso mesmo. Nove meses depois nasceu nossa terceira filha, uma lindeza.

Mas no terceiro curso eu bati todos os recordes. Era um negócio chamado Grid Gerencial, que visava a avaliar o nosso perfil gerencial em situações normais e em situações de estresse extremo. Eles iam aumentando o grau de tensão ao passar dos dias, de forma que um dos caras nem aguentou. Lá pelo quarto ou quinto dia, ele pegou o carro e se mandou de volta. Você podia ser classificado como 1.1, que é uma nulidade total. Podia ser 5.5, que é o famoso "em cima do muro". Também podia ser 1.9 — nada pela empresa, tudo pelas pessoas. Ou 9.1 — tudo pela empresa, nada pelas pessoas. Idealmente, seria um 9.9, mas a coisa mudava sob tensão e isto era o que não faltava naquela empresa, onde a mentalidade militar de alguns ingleses pra lá de dominadores predominava. Quem avaliava era o seu grupo de trabalho e, no último dia, um determinado colega. Ficavam os dois, frente a frente, que nem briga de galo.

— Você é isto!

— Você é aquilo!

Bem, eu aguentei firme e fui até bem avaliado — nota máxima. Mas, quando veio a pressão total, coitados dos empregados! Quando disseram que acabou, baixei no bar, onde havia uma parede inteirinha decorada com garrafas de licor.

— Me dá um de cada cor, companheiro. Quero um relaxamento tecnicolor. — Bebi sei lá quantos copinhos. Foi quando um colega anunciou que depois do jantar haveria uma palestra.

— Cê tá de sacanagem!

Não estava. Depois do jantar, um dos instrutores reuniu todo mundo no salão para nos ensinar mais alguma coisa da qual, obviamente, eu não me lembro. Só sei que interrompi a fala do homem e fiz uma pergunta "inteligentíssima". No meio da resposta, o pessoal notou que eu tinha caído no sono, mas disse que o bom instrutor não se fez de rogado: respondeu tudo direitinho.

AUTOCONTROLE

Eu trabalhava na Artplan e atendia a conta da America Online, que era a patrocinadora *master* do Rock in Rio 3. A agência bombava de todas as maneiras. Muito dinheiro em jogo e um estresse fenomenal com os preparativos do evento, uma pressão absurda dos clientes, fazendo exigências umas atrás das outras, às vezes contraditórias ou estapafúrdias. Um belo dia, eu cheguei ao escritório, lá pelas oito da manhã, pois precisava acompanhar uma produção urgente. Tudo era urgente. Às dez chegou um dos diretores de arte, com a cara amassada, parecendo que tinha levado uma surra. Quando me viu de bom humor, tascou logo:

— O que você faz de manhã? Toma uma caixa de Prozac?

— Que nada, eu sou controlado.

Mal sabia ele que eu era controlado sim, só que a poder de carbonato de lítio.

Eu sou psicótico maníaco-depressivo ou, para usar um termo politicamente correto, mais moderno, bipolar. Bipolar é aquele sujeito que tem alterações de humor: uma hora está extremamente deprimido, pode até tentar o suicídio, outra hora fica tão alegre e excitado que perde a noção da realidade. É uma sensação ótima, de extrema criatividade, mas absolutamente inconsequente.

Numa dessas, entrei naquela livraria do saguão do aeroporto de Congonhas e enchi um carrinho de viagem de livros. Deu mais de 6 mil reais no cartão de crédito. No furor das compras, perdi a ponte aérea para o Rio, voltei para o apartamento que mantinha em São Paulo e passei a noite inteira escrevendo dedicatórias que eu achava engraçadas para os amigos. Cada um tinha a cara de um determinado livro. Até o FHC, que eu jamais conheci, ganhou uma dedicatória. E eu ouvia *jazz* em alto volume, e gargalhava, e gargalhava — a noite toda.

Minha mulher foi me buscar e me internou no ato. Um bom amigo ainda conseguiu salvar uns livros que eu não tive tempo de rabiscar e obteve a devolução da Laselva. Menos mal.

A Doia tem pavor da minha doença, pois já me viu deprimido, nervoso ou violento e também já me viu várias vezes sem falar coisa com coisa, em grande euforia. Eu achava aquele estado ótimo, com a criatividade à flor da pele e uma sensação de que o mundo é feito de estrelas. Mas, a bem da verdade, jamais criei qualquer coisa nesse estado que fizesse sentido depois de umas boas doses de Haldol. Por outro lado, a depressão é brava. Quando diagnosticaram a minha doença eu tinha 24 anos, morava em Governador Valadares e dirigia um distrito de vendas e distribuição da Souza Cruz com mais de 70 empregados. Estava indo direitinho, o pessoal gostava de mim, e a participação de mercado estava crescendo. Nas reuniões com a chefia e os demais gerentes distritais em Belo Horizonte, eu recebia elogios que me deixavam até constrangido, pois alguns colegas, não tão bem avaliados, tinham idade para ser meus pais.

Infelizmente, não aguentei a pressão. Pela minha sala passavam desde caminhões quebrados e empregados doentes até esposas de vendedores pedindo soluções para problemas particulares. Pior ainda quando a chefia mandava cortar funcionários. Certa vez, determinaram que eu deveria dispensar dois coordenadores de vendas, de um total de cinco. Acontece que eu gostava de todos eles, avaliava bem todos eles. Mas não houve jeito.

— É ordem da matriz, temos que cortar quarenta por cento do quadro de coordenadores.

— Mas os meus coordenadores são ótimos, não posso mandar gente boa embora.

— Não é uma questão de avaliação, é matemática. Você tem até sexta-feira. Comunique aos que você escolher e me informe.

E eu fiquei com o coração mais do que apertado, inventando motivos para uma escolha que não sabia fazer. Resolvi dispensar os dois que tinham melhor situação financeira, para, na hora H, ouvir coisas do tipo:

— A companhia é a minha vida, como é que você faz uma coisa dessas?

Tarde demais, não tinha mais volta. Fiquei com três. Para mal dos pecados, um deles pediu demissão uma semana depois e ainda levou um vendedor e um motorista. Montaram uma pequena empresa para distribuição dos produtos concorrentes. Meu chefe não aliviou nem um pouco.

— Você planejou muito mal essas demissões. Não é possível que você não soubesse!

Você dormiria depois de uma crise dessas?

Um belo dia — belo coisa nenhuma, feio pra caramba — eu acordei tão deprimido que desci encostado nos fundos do elevador do prédio onde morava, me contorcendo a cada pessoa que entrava, querendo diminuir de tamanho, completamente apavorado. Não cheguei ao ponto de pensar em suicídio, como alguns coleguinhas, mas a última coisa que eu queria era conversar com alguém. Me levaram para Belo Horizonte, e o Dr. José Nogueira, que era amigo de papai, me internou e me tratou. Quarenta e cinco dias à base de um coquetel de remédios e sonoterapia! O ambiente não podia ser pior: tinha gente sendo amarrada na cama toda manhã para tomar eletrochoque; outros eram alcoólatras e faziam as necessidades pelos corredores — não conseguiam nem ao menos trocar de pijama. O Dr. José Nogueira cuidou de mim durante anos, era um negócio de altos e baixos. Ora os remédios se mostravam demais, me colocavam completamente grogue, falando com a língua presa, ora se mostravam insuficientes, sobrevindo novas crises.

No meu emprego a repercussão foi a pior possível. Gerente distrital da Souza Cruz desde os 24 anos, as vendas aumentando, a participação de mercado também, eu era uma boa promessa, ainda meio inexperiente, é verdade, e estava pronto para ser promovido e melhorar a formação profissional. Pesava contra mim a avaliação da Teoria X, predominante na empresa — às vezes eu era muito humanitário com os empregados. A velha guarda da Souza Cruz era o que se chamava de 9.1 — tudo pela empresa, e as pessoas que tratem de cumprir suas obrigações. Mas, no geral, a minha gerência estava dando muito certo. Só que, nos anos 70, quem seria louco em promover um psicótico maníaco-depressivo?

Só valeu por um aspecto: meu chefe ficou com medo de que eu sofresse algum acidente de carro pelo excesso de remédios que tomava e forçou a minha transferência para o Rio de Janeiro.

Demorou, mas veio.

Cheguei ao Rio com três indicações do Dr. José Nogueira debaixo do braço. O primeiro era um psicanalista que deu um orçamento absolutamente inviável. A Souza Cruz reembolsava todas as despesas médicas dos executivos e suas famílias, pagava até a farmácia, mas não pagava analistas. Resolvi pular para o terceiro da lista, que dormia durante as minhas histórias. O Dr. Ulisses, outro salvador, que julgava que o meu caso era puramente químico, partiu para o lítio e regularizou minha vida. Ele era um dos pioneiros nesse tipo de tratamento no Brasil, e o laboratório de um neurologista amigo dele fabricava o remédio e media os níveis de lítio no sangue, todo mês, para que os pacientes não se intoxicassem. A partir dali, só tive problemas quando negligenciei o tratamento.

Minha última grande crise foi aquela na qual eu queria comprar quase toda a livraria, há uns 15 anos. No meu caso é simples: basta tomar o lítio todos os dias e dormir pelo menos sete horas por noite. Se estiver com a cabeça a mil, o que não é difícil, e houver necessidade: bola — das pretas, de preferência; o sono é fundamental. Mas, se quiser seguir o exemplo de alguns artistas de Hollywood que eu vi outro dia num documentário — os caras não tomam lítio porque têm medo de perder a criatividade —, então é fácil. É só fazer como eles. Para cima ou para baixo, vem uma crise rapidinho.

Este mineralzinho responsável pelo meu controle mental é o mesmo que serve de bateria para alguns relógios. Em linguagem de leigo, funciona como uma bateria mesmo, cuidando de manter constante o metabolismo cerebral. Contra ele dizem que é tóxico, que ataca o rim. Pode ser. Mas estou tomando há 30 anos; já misturei com vinho, cerveja, *whisky*, caipirinha — sempre urinei bem, que é uma beleza!

Meu sogro costumava dizer que, se pudesse, o Dr. Ulisses colocaria lítio na caixa-d'água. Era um certo exagero, mas a verdade é que Dr. Ulisses Vianna Filho, crescido no Sanatório Botafogo, dirigido pelo pai, dizia que, num exame consciencioso, metade do pessoal que passava diante da sua clínica merecia ser internado. Quando vejo esses caras debruçados em cima da buzina, xingando todo mundo no trânsito, eu me lembro dele.

Outra coisa interessante que o Dr. Ulisses observou foi a seguinte. Um dia eu cheguei ao consultório meio deprimido e, lembrando Freud, comecei a falar da minha infância, da convivência difícil com a minha mãe, que eu era filho único, patati, patatá... Quando levantei os olhos do chão, ele tinha dormido.

— Então, doutor Ulisses? — procurei falar mais alto.

— Sim, sim, vejamos, a gente precisa saber se você está doente por causa de tudo isso, ou se você está se lembrando de tudo isso porque está doente. Eu vou te dar aqui uma receita, volta na semana que vem que eu quero te ver.

E nenhuma menção foi feita à psicoterapia ou psicanálise. A julgar pelos resultados, penso que ele tinha razão.

Quem dera esse remedinho pudesse fazer efeito para todos que costumam perder seu autocontrole. Ele não me coloca grogue, nem abobalhado. E também não elimina as emoções. O que ele dá é equilíbrio. Equilíbrio para ver as coisas com um pouco mais de clareza, escolher as opções aparentemente mais adequadas, controlar as palavras e as atitudes mais ríspidas.

As pessoas me acham calmo. Pura aparência. O bipolar é ansioso por natureza.

Eu sou é controlado, porque acho melhor assim. Mas não é só uma questão de valores. Quando um conflito potencial ultrapassa a minha paciência, reajo com extrema violência.

Sempre excessiva, sempre desnecessária, um verdadeiro desastre. Mesmo sendo só verbal, naturalmente, pois não tenho mais idade para sair por aí dando socos e pontapés.

O ponto central da questão é o comodismo. Por excesso de comodismo, simplifico, sou prático. Por valorizar a praticidade, sou comodista. Por excesso de comodismo, evito os conflitos até não poder mais. Por ser conciliador, acham que sou calmo.

VENDENDO A PRAÇA DE GOVERNADOR VALADARES

Não era nada fácil para um coração humanista. Certo dia eu me invoquei com o alto volume de faltas com atestado médico dos vendedores e motoristas que eu supervisionava. Procurei o Dr. Paulo, médico da Souza Cruz em Governador Valadares.

— Doutor Paulo, toda semana tenho uma, às vezes três baixas de pessoal por problemas médicos. É um problema tremendo conseguir substitutos de última hora. Às vezes tenho que solicitar de outras regiões. Esse pessoal não está fazendo corpo mole, não?

— Senhor Marcelo [imagine, vinte e poucos anos, já tinha virado senhor], esse pessoal viaja 12, 14 horas por dia, carrega caixas de cigarros, as estradas não têm asfalto, a comida dessas pensões não tem higiene, o senhor pode colocar a mão para os céus por eles adoecerem tão pouco. São uns gigantes.

Na reunião seguinte, na filial de Belo Horizonte, aproveitei a presença de um gerentão da matriz e apresentei um estudo para aumentar três carros de vendas extraorçamento, uma forma de aliviar os itinerários dos outros. Enrolando a língua por causa dos remédios, fui taxativo.

— Podemos vender mais e não vamos correr riscos de acidentes. A economia que estamos fazendo hoje é uma faca de dois legumes...

Nem ao menos percebi os legumes. A ficha só caiu com a gozação dos colegas na hora do almoço. Mas ganhei os carros.

O Dr. Paulo tornou-se um bom amigo meu. Éramos colegas no Jantary (desculpe, Rotary) Club. E tínhamos um *status* tremendo na cidade. O médico, o gerente da Souza Cruz, o gerente da Coca-Cola, o prefeito — ganhávamos lugar de destaque em todos os eventos. Quando sobreveio uma nova crise de depressão, e como não fosse tão grave assim, e para que a companhia não soubesse, o Paulo me tratou no hospital dele mesmo, num fim de semana. Naquela altura, já estava mais do que claro que não valia muito a pena pedir à Souza Cruz o reembolso das minhas despesas médicas, inclusive remédios. Eles tinham colocado a minha carreira de molho, e, pior do que isso, mais tarde fiquei sabendo que um dos diretores da matriz queria que me dessem o bilhete azul. Como em toda boa organização capitalista, salvaram-me os números da região que gerenciava. E foi fundamental também o caráter mais humanitário de um novo gerente que tinha chegado para a filial de Belo Horizonte.

O lado curioso do tratamento ficou para quando eu melhorei. Levado pelo Paulo, fui visitar a enfermaria e conhecer três sujeitos enfaixados, suspensos por esparadrapos e pinças. Eram matadores de aluguel que tinham sofrido uma emboscada.

— Doutor, o senhor é um santo. Quando precisar, é só falar que a gente faz o serviço. E não vai pagar nada, o senhor sabe, né?

Vivendo e aprendendo as coisas de uma cidade do interior nos anos 70. Raramente havia crime por roubo, tanto é que, nos quatro anos e meio que fiquei por lá, nenhum dos nossos carros de vendas foi assaltado. Quase todos os crimes eram pela honra ou por encomenda.

O problema é que as crises de depressão não têm graça nenhuma. Contar mais o quê? Interessante foi tentar valorizar e vender a praça principal de Valadares. Eu sou publicitário. O que mais poderia fazer de relevante em minha passagem por aquela cidade?

Estava para acontecer a Exposição Agropecuária, o evento mais importante da região. Com a minha peculiar mania de grandeza, resolvi tomar conta do evento. Negociei com a direção da feira que todos os luminosos, de todas as barracas, seriam da Souza Cruz. Não podiam colocar nem Coca-Cola. Em troca eu daria cartazes promovendo a feira, assinados pela marca de cigarros Arizona, colocados em todo o estado de Minas Gerais. O resultado foi catastrófico: o gerente da Coca-Cola ficou brigado comigo, e o Elísio, do Sindicato Rural, ficou pê da vida porque, no cartaz, o Arizona tinha mais destaque do que a feira propriamente dita.

Agora você imagine um sujeito que estava sempre querendo ser bem-aceito pelos outros, sempre querendo atender às expectativas, sendo reprovado em cascata. Pirei. Em pouco tempo eu estava falando sozinho, bolando mil coisas impossíveis para a valorização da cidade, culminando com um plano para vender a praça principal.

Lá em Valadares nós tínhamos um casal que, praticamente, adotou nossa família desde que chegamos — o Lício e a Inês, gente difícil de se encontrar de tão boa. O Lício ouviu meus planos pacientemente, providenciou prontamente minha viagem, depois ouviu aquela euforia toda de novo, pela terceira ou quarta vez, enquanto me levava para o aeroporto. Embarquei num Bandeirantes, meu pai me esperou do outro lado, o Dr. José Nogueira já estava avisado. Moral da história: mais 15 dias internado à base de sonoterapia.

Exceto por um episódio que eu ainda vou contar, nunca resisti às internações ou aos tratamentos. Quando estava deprimido, eu me deixava levar; quando estava eufórico, eu me achava o máximo. Acho que é por isso que alguns bipolares não querem se tratar. O estado de euforia é magnífico. Eu era tomado de um ilusionismo fantástico, julgava que o mundo estava à disposição do meu talento para construir uma coisa espetacular atrás da outra. Com 24 horas de tratamento, no entanto, língua presa.

— Vamos ao equilíbrio, senhor Marcelo, para poder tomar o lítio novamente.

ANIVERSÁRIO FAZ MAL À SAÚDE

Quando abri mão daquele diploma de curso superior, quando negligenciei outras oportunidades de estudo formal, eu estava seguindo esse meu espírito autossuficiente, esse achar que a vida estava ganha, que eu podia qualquer coisa. Sabe o que parece? Uma racionalização do início do estado de euforia. Tudo são flores.

— Sou autodidata, com muito orgulho.

Não era mentira. Tornei-me até professor de cursos de pósgraduação *lato sensu* na Escola Superior de Propaganda e Marketing, na Fundação Getúlio Vargas, na Fundação Dom Cabral e em outras instituições. Mas chegou um dia que se repetiu várias vezes em minha vida, em diferentes situações. Fui indicado para a Diretoria do "Marketing nas Estrelas" no Citibank. Era um cargo voltado para o desenvolvimento de novos meios de interatividade com os clientes, fora das agências tradicionais. Eu queria muito aquele cargo e fui com a maior confiança para uma entrevista com um graduado diretor de RH. Conversa vai, conversa vem, primeiro em português, depois em inglês, a sabatina já passava de uma hora e meia.

— Então, você se graduou onde?

O sujeito estava tão entusiasmado, precisava ver a decepção que ele estampou no rosto com a minha resposta.

O mundo mudara. Não havia mais chances em grandes empresas para quem não tivesse diploma. Pouco tempo depois exigiriam também um MBA, de preferência no exterior. Uma das poucas exceções eram as agências de propaganda, bem mais informais, sob todos os aspectos.

Acontece que as agências oferecem empregos menos estáveis e com menos garantias, principalmente em relação à aposentadoria, do que as empresas clientes, sobretudo multinacionais. E, quando eu passei dos 50, comecei a me preocupar com o futuro. Acho que fiquei menos eufórico. Demorei muito a considerar que o longo prazo estava chegando, mas, depois de uns escorregões que acontecem pela vida, abri os olhos. Principalmente porque hoje existe um agravante: o sujeito vive mais, tem que se preparar mais, acumular mais. A conta da farmácia aumenta enquanto a capacidade de gerar trabalho e renda decresce. Como disse o meu clínico geral: depois dos 50, a pior coisa que acontece com a nossa saúde são os aniversários."

MISSÃO IMPOSSÍVEL

Sexta-feira, dez da noite. O telefone toca lá em casa, e um estressado diretor de comunicação de um importante cliente da agência onde eu trabalhava faz um apelo.

— Marcelo, precisamos colocar um anúncio de página dupla no domingo nos principais jornais do país. Você acha que a gente consegue?

— Olha, meu caro. A rigor, a rigor, não. Os departamentos comerciais dos jornais já estão fechados. Vão reabrir na segunda-feira. Mas a gente tenta.

— Pelo amor de Deus, não diga isso. A gente tem que conseguir. Faz o seguinte: eu vou terminar a redação do comunicado com os meus diretores e viajo amanhã para encontrar você na agência. Vou chegar às onze horas, ok?

— Ok, boa viagem pra você.

Aquela agência era muito diferente das outras que eu conheci. Os sócios eram reservados, entre os empregados quase não se falava sacanagem, nos corredores não se ouvia uma voz mais alta. Você podia gravar um comercial de hospital por ali. Mas as características do trabalho eram as mesmas. Todo dia tinha um fato novo, um problema novo, e só se podia resolver com experiência, iniciativa e alguma coragem para correr riscos.

Sempre fui refratário a dar trabalho aos outros fora de hora. Então, chamei só os imprescindíveis para aquela gincana. Execução de Mídia (1), Direção de Arte (1), Montagem (1). Resolvi também não envolver os sócios antes que estivesse tudo pronto, pois não queria interferências. Detesto cumprir ordens quando sei o que fazer. Naquela época, poucos jornais aceitavam anúncios via Internet. Era preciso montar várias cópias, nos formatos próprios de cada jornal, e mandar entregar em mãos nas capitais.

O cliente chegou às 13 horas com um papel todo emendado por durex, textos daqui, textos dali, formando uma dupla de jornal. Disquete? Nem pensar. Comecei a digitar aquela trolha toda enquanto ele ditava. De quando em vez, uma pergunta inconveniente.

— Vocês não têm revisor?

O saco encheu.

— Sou eu o revisor!

Terminada a digitação, o próximo problema. O diretor de arte deveria passar o texto do Word para o Mac e diagramar em forma de um importante comunicado.

E eu corria para a Mídia sei lá quantas vezes para saber como andavam os contatos com os jornais, para saber se havia tempo para a publicação de domingo. O cara da *Folha de S. Paulo*, coitado, foi tirado da praia, no Guarujá, para esperar nosso portador em Congonhas. Era um sufoco contra o relógio.

Dizem que as agências seriam ótimas se não precisassem de clientes. Sem dúvida. O pobre homem só se preocupava em passar um fax com a forma final do anúncio para o presidente do conselho que estava em São Paulo. Eu pensava: se esse cara resolver mexer no anúncio, não vai dar tempo. Por outro lado, o cliente queria que a gente parasse o que estava fazendo para diagramar tudo de novo, na largura do papel do fax. Não deixei.

— Mas Marcelo... O presidente do conselho está na linha. Ele quer ver o anúncio.

A resposta veio aos berros.

— Fala que eu mandei ele esperar!

Pensando bem, passei dos limites. Resolvi ligar para um dos sócios da agência e historiar o que estava acontecendo. Sabiamente, ele ouviu e não tomou nenhuma providência. Ficou esperando os jornais de domingo.

Foi um sucesso. Só perdemos o reparte do interior da *Folha de S.Paulo*.

66 MILHÕES DE FATURAMENTO E UMA CARRETA DE BÔNUS

No ano da graça de 2000, preparávamos na Artplan o Rock in Rio 2001. O patrocinador máster era poderoso: America Online. Além de patrocinador, era cliente da casa para todas as suas demais necessidades de comunicação. Fazia um grande esforço, naquela época, para aumentar exponencialmente a sua base de clientes, seguindo a técnica americana de abarrotar a casa de todos nós com CDs de instalação. Dizem que um americano bem-humorado lançou até um concurso de criatividade para a mais bonita árvore de Natal decorada com CDs da America Online.

Brincadeiras à parte, era um negócio importante. E muito, muito trabalhoso. O degas aqui era o responsável pelo atendimento. Eu tinha apenas uma assistente, que acabava de completar o estágio. Ela cuidava da papelada e eu da ponte aérea Rio-São Paulo, num lufa-lufa sem fim de reuniões lá e providências aqui. Numa dessas correrias, saí do escritório do cliente, na av. Berrini, às 21h10, para pegar o último avião. Entrei no táxi esbaforido.

— Você conhece aquele caminho que vai direto pra Congonhas?

— Não, senhor, daqui, eu só sei ir pela Bandeirantes.

Fiquei com receio de não saber ensinar direito, achei melhor ir na cola dele.

— Tá bom. Vamos pela avenida Bandeirantes.

No primeiro sinal que fechou, ele parou atrás de uma carreta. Veio uma outra e *poouu!* Depois *crec, creo, crec, creu...* Eu só via aquele nariz enorme vindo pra cima de mim, no banco de trás.

— Esse filho da puta não vai parar não, porra?

E o motorista, pulando para o outro banco, livrando-se do volante.

— Não pode, não pode!

Parecia que a batida não ia terminar. Era um amassamento progressivo, como naquelas cenas de ferro-velho em filme americano. De repente, capotamos. O Santana ficou tombado, com as rodas de lado. Foi a nossa sorte, pois saímos da carreta da frente e fomos porrar um Gol que estava ao lado dela, esperando o sinal abrir. Ficamos livres de um colossal esmagamento. O espaço que sobrou dentro do nosso carro deixou o motorista no banco do carona e eu agachado sobre a minha maleta 007, em cima da porta traseira esquerda. Meu banco batera no teto.

Só não vou dizer que "foi Deus quem nos salvou" porque isso me obrigaria a dizer que "foi Deus que nos colocou naquela fria". Jamais vou entender a lógica dos cristãos acidentados.

Saímos do carro pela janela, com a ajuda de um monte de curiosos que se formou rapidamente. Assim que coloquei os pés no chão, sabendo que o motorista não estava machucado, só tive uma preocupação. Sair dali o mais rapidamente possível, para não virar testemunha e passar a noite preenchendo formulários na delegacia. Se bobeasse, ainda era capaz de me tomarem algum.

Fiz sinal com o braço e peguei o primeiro táxi que apareceu. Chegando ao Congonhas, já não dava tempo para pegar o TAM das 22h, o último para o Santos Dumont. Mas fiquei sabendo que havia um Varig para o Galeão às 22h30 e embarquei correndo.

Naquele ano, fora o dinheiro do patrocínio do Rock in Rio, passaram pela minha mesa trabalhos correspondentes a um faturamento de R$ 60 milhões. E mais R$ 6 milhões da Bradesco Seguros, que fazia conosco, principalmente, o evento da árvore de Natal na lagoa Rodrigo de Freitas.

Quando os *shows* começaram, um amigo que dirige uma grande agência em São Paulo, debruçado sobre a varanda da área VIP, me disse que na agência dele eu ganharia "150 contos" de bônus. Mas não me deram nem um centavo.

Em compensação, o Jorge Falsfein, diretor de arte e criação de primeira grandeza, fez questão de criar para mim o seguinte convite:

"No dia 27/7/2000, na av. Bandeirantes, em São Paulo, Marcelo Diniz nasceu de novo. Atropelado por uma carreta, saiu ileso de dentro do táxi e quer bebemorar essa história com os amigos, no Mercadinho São José, na próxima sexta-feira, dia 25/8, a partir das 19h30.

Vamos comemorar um mês de vida do Marcelo Diniz. Dois dias antes, só por garantia."

PARTE 3

CONVIVÊNCIAS

Vai fazer o quê? Tem que trabalhar, não tem? Tem que viver, não tem? Então, bipolar ou não, um viva para as diferenças!

EXEMPLOS DE TODA SORTE

Na escola da vida, tive inúmeras influências. Meus avós me ensinaram a dignidade, a correção. Meus pais também. No Colégio Estadual, me passaram o gosto do saber, mas as figuras mais atrapalhadas foram as que me despertaram maior interesse. É como se vê em certos adesivos de automóvel: "As boas meninas vão para o céu, as más vão para todo lugar." E eu chego a pensar que, depois de tantas vivências aqui na terra, o céu deve ser mesmo um porre.

Pois bem, eu me lembro de um amigo genialmente endiabrado. Jamais conseguiria fazer como ele, mas bem que o admirava. Trabalhávamos juntos em certa emissora de TV de Belo Horizonte. Pois não é que o salafrário resolveu namorar uma bela senhora da tradicional família mineira, esposa de um oficial graduado do exército brasileiro, em plena vigência do AI-5?

Acostumada com tanta rigidez, não preciso dizer que o nosso *latin lover* despertou toda a paixão retraída naquele corpo trêmulo. Ela era uma mulher de grande sensibilidade, pintora, já havia até mesmo presenteado o meu amigo com uma tela de sua autoria. E, arrebatada como estava, resolveu que teria, de qualquer maneira, que passar o *réveillon* com ele. Como são inconsequentes os belos amantes! Ela arquitetou o impensável. Já que seu marido era diretor do Clube Militar, sugeriu que ele convidasse para o baile da passagem do ano alguns executivos dos principais veículos de comunicação, pois os artífices da revolução precisavam se aproximar da sociedade civil, ou não? Claro que sim. E lá foi o nosso guardião rumo à emissora para fazer o convite. Cafajeste como era, o amante recebeu o traído com a maior naturalidade. Só se esqueceu de um pequeno detalhe: o quadro da esposa estava na parede do seu gabinete. O militar entrou, foi cumprimentado e se sentou. À medida que seu traseiro chegava mais perto do sofá, o quadro aparecia às suas costas. Acho que o nosso executivo não esperou nem que o militar se sentasse direito. Pegou-o pelo cotovelo e levou-o rapidamente para a técnica.

— Vamos lá embaixo. Vou lhe mostrar nossos novos equipamentos; o estúdio está uma beleza. — E, ato contínuo. — Aurélia, peça para nos servir um doze-anos lá na técnica, pois nós merecemos.

Da técnica mesmo, o comunicador despachou o oficial. Mas o que fazer com o quadro? E se o rival aparecesse de novo? Sem dúvida alguma, abraçou a solução que lhe pareceu mais adequada: mandou embrulhar e presenteou a sua própria mulher.

Quanto ao *réveillon*, ele compareceu à festa do Clube Militar. Levou a sua companheira oficial, dançou com a amante e não provocou a menor desconfiança de nenhuma das partes. Um craque!

MUI AMIGO

Em várias crônicas deste livro eu troco o nome dos personagens. Às vezes, omito. Não posso cair na ingenuidade de desabonar se não posso provar, ou mesmo sem necessidade. Mas é tudo verdade, pode crer.

O cometa era coisa do passado (ainda vou contar essa história), mas eu vivia a ressaca do dito-cujo. Ainda vivo até hoje, só que mais branda. Acontece que as contas precisavam ser pagas, e um amigo de verdade, o José Henrique, me apresentou na MPM Propaganda, na época a maior agência do Brasil.

Por causa das minhas atuações promocionais eu tinha aquela placa de "especialista em promoções" na testa. Não gostava nem um pouco, pois achava que sabia fazer de tudo. Modéstia às favas, hoje em dia acho mais ainda.

Como escreveu certa vez o Armando Strozenberg, meu currículo é "multifacetado". Considerei o adjetivo sofisticado e próprio. E incorporei às minhas apresentações.

Pois bem, o Waltely Longo, que era diretor de atendimento da MPM, queria criar um cargo de gerente de serviços especializados, o que mais tarde se chamaria *below the line*.

Gostou de mim, o salário era bom, lá fui eu. Nem imaginava que ia encontrar tamanha resistência. Um determinado cidadão passou aqueles primeiros meses exercitando a habilidade de falar mal de mim para toda a agência.

— Esse cara é um enganador, não vai fazer nada que preste.

Até que lhe calei a boca. Fechei uma megapromoção da Ipiranga com o Faustão e a Rede Globo, ele foi envolvido e ficou supostamente meu amigo:

— Você cria promoções com mídia, muito interessante.

— É isso aí, meu caro. Promoção sem mídia é festinha.

E o bordão pegou na agência inteira.

Tempos depois ele foi para São Paulo e eu fui promovido para o lugar dele. Aquilo lhe doeu nos calos e ele se pendurou ao telefone para fazer minha caveira com veículos e clientes. Uma barra pra desfazer!

Depois, não havendo outro jeito, ficou meu "amigo" outra vez. Eu fazia de conta que não sabia de nada. Era muito simpático e divertido o danado.

"EU DEVIA SER CABELEIREIRO!"

A MPM Propaganda da década de 90 era um lugar muito bom para se trabalhar. Quando eu entrei, tinha perto de 200 funcionários só no Rio de Janeiro. Na Criação, eram 12 duplas, fora o pessoal do Merchandising. E vários daqueles profissionais se tornaram diretores de criação de outras agências. O time era da pesada.

A MPM era a maior do Brasil, faturava como nenhuma outra e o astral era o melhor possível. Tinha hétero, tinha *gay*, mulheres fáceis ou comprometidas, nenhum compromisso era para sempre — uma festa. Confesso que a princípio eu estranhei. Era um machista de primeira, criado em Minas Gerais. Tinha um preconceito danado contra *gays*; foi lá que eu melhorei um pouco.

O pessoal do mercado chamava a MPM de "gaiola das loucas". Para se ter uma ideia, um diretor graduado chegou de carro, no banco de trás, conversando com um fornecedor sobre uma campanha importante que deveriam produzir. Apesar da preocupação natural com o trabalho, reparou num motoqueiro que correu para abrir o portão, se adiantando ao segurança. Desceu do carro decididamente e subiu as escadas batendo os calcanhares, gritando pelo diretor administrativo.

— Olha aqui, veado na criação pode, no atendimento pode, no planejamento pode, mas veado motoqueiro, isso é demais!

E se alguém poderia ser chamado de fora de série naquela casa, este era o Fabio Siqueira, diretor de criação. Ele era um *gay* assumidíssimo, que, pelo seu jeito espalhafatoso de se vestir, um dia arrancou do Waltely a seguinte exclamação:

— Ué! Você perdeu uma aposta, querido?

Em outra ocasião, o dono da agência levou os seus principais executivos para uma reunião com a diretoria do Banco Nacional. Paredes de madeira escura, iluminação indireta, tudo nos levava para uma formalidade, uma sobriedade total. E fomos sendo apresentados: Fulano de Tal, diretor disso, Sicrano de Tal, diretor daquilo... quando chegou a vez do Fabinho, que tinha acabado de chegar (atrasado), ele se adiantou e, ainda de pé, soltou a seguinte pérola:

— Fabinho Siqueira, primeira-dama de Criação.

Ele era impossível. Tínhamos uma colega de meia-idade que cuidava de Matéria Legal, era o recato em pessoa. Ela usava saias no meio da canela e uns sapatos fechados, sempre pretos, pareciam os sapatos "Tank" que eu tinha no curso primário, para voltar do Grupo Escolar chutando latas no meio da rua. Pois não é que um dia Fabinho cruzou com ela no corredor e levantou aquela saia de maria-mijona até a cabeça? Deve estar sendo xingado até hoje.

E chegou o dia dos computadores. Implantaram aquela merda de telinha preta e letrinhas verdes na agência inteira e decretaram:

— Não precisa mais Tráfego. Agora o Atendimento faz os pedidos no computador, a Criação imprime e pronto.

Era a tecnologia organizando (ou promovendo, como queira) a suruba. Os contatos atulharam a Criação de pedidos, tudo pra ontem, e danaram a fazer *e-mails* com cópias para o mundo, cobrando prazos inexequíveis. Na sala do Fabinho, as paredes eram de cortiça, com a finalidade de exibir os bons anúncios da agência. Ele arrancou tudo e pregou todos os pedidos de trabalho pendentes, do chão ao teto. Chamou o Waltely e provocou:

— Diz aí, o que você quer primeiro? — Mas não esperou a resposta. Saiu pelos corredores, aos berros: — O que é que eu estou fazendo aqui? Eu devia ser cabeleireiro!

AFINAL, QUAL É O SANTO DOS PORRISTAS?

Naqueles tempos de MPM Propaganda, a vida corria um pouco mais devagar do que hoje, a agência faturava muito bem, e não faltava pessoal para cumprir as tarefas. O resultado é que nós tínhamos tempo para longos almoços às sextas-feiras, sempre regados a generosas doses de *scotch*.

Numa dessas, o diretor-geral me ligou, exaltado.

— Porra, eu estou precisando de vocês aqui. Onde vocês estão?

E eu, enrolando a língua.

— Agora não dá pra voltar, meu amigo. A gente bebeu muito.

O pessoal quase me liquidou, mas, fazer o quê? Eu sempre tive a maior dificuldade para inventar uma mentira assim de bate-pronto. Costumo dizer que sou analógico.

Fui gozado muito tempo por essa história. Mas não perdi o convívio dos melhores companheiros, Waltely, Maurício e José Henrique. Embora a vida tenha nos colocado distantes, somos amigos até hoje.

Depois da minha promoção a diretor de mídia e promoções, ganhei um carro igual ao do Waltely, que era diretor de atendimento. Às quintas-feiras, todo o grupo, ou só nós dois, costumava ir ao Monte Carlo, um restaurante que existia nas imediações do Copacabana Palace. E tome Black & White!

Às vezes estava lá o meu psiquiatra, Dr. Ulisses Vianna Filho, também presa da sua garrafinha. Era um bate-papo de primeira — grande filósofo! E ele não proibia a bebida, muito pelo contrário. Acho que considerava o álcool também um fator de equilíbrio, sei lá. Ele só dizia que era bom dar uma folga no princípio da semana.

Mas, olha, na saída era triste. Os manobristas iam buscar os nossos carros, um vermelho, outro azulzinho, e dava um aperto no coração. Eu pensava: só preciso dirigir até o Alto Leblon, mas o Waltely, coitado, como é que ele vai chegar inteiro na Barra?

Algum santo milagreiro dirigia por nós. O máximo que acontecia era um esbarrãozinho na pilastra da garagem. Pela pressa, claro.

FIGURINHAS, NADA MAIS

A filha do Waltely, meu colega na MPM Propaganda, não soubera responder à professora o que o seu pai fazia. Diante de tão difícil questão, o diligente homem de atendimento separou na agência uma série de *layouts* e levou pra casa.

— Está vendo, minha filha? O papai conversa com os clientes e discute como vai ser a propaganda deles. Está vendo aqui o Ayrton Senna? Vai fazer a propaganda do Banco Nacional, que é cliente do papai.

No dia seguinte, na escola, a menina não se fez de rogada.

— O papai mostra figurinhas.

Mas o caso desta crônica é outro. Numa outra época, eu atendia o Ministério do Meio Ambiente. Quando estávamos próximos do fim do mandato, a praxe mandava fazer uma campanha de prestação de contas. Se os esclarecimentos eram necessários ao povo brasileiro, tenho lá minhas dúvidas. Mas os caras precisavam se eleger, certo?

— Mas, Ministro, nós não temos orçamento.

— Deixa disso, Fulano, esta campanha eu já acertei com o presidente. Acha uma rubrica que tenha dinheiro aí. Alguma coisa que a gente não começou ainda.

— Bem... Demarcação de Terras Indígenas, pode ser? A gente tem quatro milhões.

— Então pode preparar a campanha. Fulana vai passar o *briefing*.

Optamos por revistas. Quando os *layouts* ficaram prontos, liguei para Brasília a fim de marcar a reunião de apresentação ao ministro. Não havia jeito. Ele estava viajando, cada dia num lugar. Só recebi um telefonema na outra semana.

— O ministro pode se encontrar com você em Cuiabá, na quinta-feira. Ele vai chegar de jatinho, na hora do almoço. Espera ele no aeroporto, ok?

— Tá bom, estarei lá.

Às onze horas da manhã eu já estava esperando, com a minha pastinha de *layouts* a tiracolo. O ministro chegou lá pelas duas da tarde, seguido por um belo *entourage*. Vieram dois aviões. Fui ao encontro dele, que caminhava a passos largos.

— Oi. Segue esse pessoal aí. Entra num dos carros que estão esperando.

E lá fui eu, no cortejo. Seguimos até uma casa de fazenda nos arredores da cidade, onde nos esperava uma família muito rica e um lauto almoço. Cerveja daqui, experimenta essa pinga dali, resolvi relaxar. Se perdesse o avião de volta, paciência. E, depois do almoço, sofá. Procurei me sentar numa poltrona perto do ministro, sempre agarradinho à minha campanha. E ele dizendo que não podiam demorar muito porque iam viajar de helicóptero, tinha que ser no claro.

— Ministro, o senhor não quer ver os anúncios?

— Ah! Sim. A minha campanha. Mostra aí.

Eram quatro anúncios de página dupla que íamos publicar nas grandes revistas nacionais. Fui mostrando, e ele só leu o texto do primeiro. Dos outros, lia apenas os títulos e exclamava.

— Olha, Fulano. Como tá bonito! Muito bom, muito bom!

Com as minhas dezenas de anos de prática, à medida que ele exclamava aprovações, eu pegava de volta e guardava na pasta. Se resolvessem dar palpite, nenhum *layout* resistiria àquela quantidade de gente. E assim a minha apresentação se sucedeu. Em poucos minutos eu estava com tudo aprovado e os 4 milhões de reais de faturamento da agência garantidos. Foi quando o filho do dono da casa, um sujeito ali por volta dos 40 anos, me perguntou ao pé da orelha.

— Escuta, você veio do Rio até aqui só para mostrar essas figurinhas?

FUNDO SEGURO SAFRA — QUEDÊ O CONVÊNIO?

A ordem era proteger os pobres nordestinos contra a seca. Inteligentemente, foi criado o Fundo Seguro Safra, que custava a módica quantia de cinco reais e pagava o valor da safra caso não chovesse.

Um belíssimo produto, segundo os nossos ideais humanísticos mais nobres. Estava autorizada a campanha, mais um ministro na minha vida. Dessa vez eu fui mostrar as figurinhas lá em Recife. Cheguei cedo ao local combinado, mas ele só apareceu perto das três da tarde.

— Agora não, agora eu não posso falar com você. Vai voltar hoje? Que horas é seu avião?

— Tenho reserva às sete.

— Então volta comigo. A gente vai de jatinho.

— Ok...

— Vai lá pra Base Aérea. A gente vai sair às sete e meia.

Às sete eu já havia chegado, até porque não tinha absolutamente nada para fazer em Recife. Fiquei bundeando o dia todo.

O meu preclaro ministro chegou às nove da noite e nós embarcamos. Carregou dezenas de revistas e jornais para dentro do avião e passou o voo todo folheando as notícias. Quando o jatinho começou as manobras de aproximação, no Rio de Janeiro, ele resolveu reparar na minha inquietação para mostrar minhas figurinhas.

— Mostra aí o que vocês fizeram.

Eram duas comunicações diferentes, e a do Seguro Safra era a campanha mais importante. Ele aprovou tudo, e lá fui eu providenciar a produção. Uma equipe de filmagem para o interior do estado do Rio, para dizer das maravilhas da agricultura familiar, outra para o interior da Bahia, para encontrar aquele solo rachado, típico do polígono das secas. Fizemos tudo supercaprichado. Filmes para televisão, *spots* de rádio, anúncios de jornal e uns cartazes bem grandes para as agências do Banco do Brasil, pois era ali que o Seguro Safra seria contratado.

Não sei se você sabe, as reservas de espaço na Rede Globo são incanceláveis. Telefonou, registrou no computador, paga. Se não entregar o filme a tempo, se quiser adiar, se chover canivete — azar o seu. Paga assim mesmo. Pois bem, a garota da mídia estava ao telefone, com a Rede Globo do outro lado, fazendo as reservas. Ao mesmo tempo me ligavam da Secretaria de Comunicação, em Brasília.

— Essa campanha do Seguro Safra não pode sair. O convênio com o Banco do Brasil jamais foi feito.

— Hein?

— Não tem convênio com o Banco do Brasil.

Bati o telefone no gancho.

— Marisa, não reserva nada, não reserva nada!

Salvamos a Rede Globo. Mas não salvamos o custo dos filmes, dos anúncios, do material de rádio nem de algumas dezenas de milhares de cartazes.

Catedrático em gestão, o nosso ministro.

GALÔÔÔ!!!

Minha paixão pelo Atlético Mineiro começou ainda criança. Papai me levou ao Estádio Independência de uniforme completo — das chuteiras ao gorro. Era a final do campeonato contra o eterno rival, Cruzeiro, e o Vaduca, um centroavante pouco mais que medíocre, fez um gol de cabeça com o jogo quase acabando: 1 × 0 Atlético.

A torcida saiu pelas ruas, até o centro da cidade, carregando o Vaduca, que era jogado pra cima, de mão em mão. Papai ia comigo nos ombros, um verdadeiro delírio. Eu cresci com a alma preto e branca, mas foi após a inauguração do Mineirão que, junto com os amigos, todos atleticanos, passei a assistir aos jogos toda semana.

Aquilo não era torcida, era uma religião fundamentalista. Me lembro que chegamos a ver o Galo empatar ou perder 11 jogos seguidos, com os times mais vagabundos das Minas Gerais. E nunca vaiamos.

— Galôôô!!!

Dizem que o tempo é remédio pra tudo: depois de muito perder, principalmente para o Cruzeiro de Tostão e companhia, que chegou a ser hexacampeão, surgiu das divisões de base um dos melhores times que eu já vi jogar. Tinha Cerezo, Reinaldo, Paulo Isidoro, Marcelo e outros craques — jogavam por música. E os jogadores do Cruzeiro estavam envelhecendo, coitados. Em 1977, numa melhor de quatro pontos, valendo pelo campeonato mineiro do ano anterior, ganhamos o primeiro jogo por 2 × 0, um verdadeiro baile. No jogo final, Cerezo tomou a bola na bandeirinha de córner do nosso lado e lançou Reinaldo no meio-campo. Este fez um corta luz, a bola sobrou para Marcelo e, não me lembro bem, alguém botou no barbante. Foi tudo muito rápido, o cruzeirense Piazza (aquele da Seleção Brasileira de 70) ficou caído no chão, tentando agarrar o Reinaldo pelo calção, pediu para sair, declarou na rádio que não dava mais para jogar com aquela garotada e nunca mais voltou. Não houve nem jogo de despedida. O placar foi 2 × 0 outra vez, e eu ainda tive o prazer de passar pelo Raul, vulgo Vanderleia, goleiro do Cruzeiro, no aeroporto da Pampulha. Se ele soubesse o que eu pensei falar pra ele...

Embarquei para o Rio de Janeiro. Era a minha transferência na Souza Cruz.

Uns 15 dias depois eu apostava com o Meireles, saudoso colega e amigo da companhia, uma garrafa de *whisky.*

— Sou Atlético contra todos no Campeonato Nacional.

Uma sacanagem! Chegamos 11 pontos na frente do São Paulo, e o regulamento mandava disputar uma final. O técnico Rubens Minelli armou o São Paulo para não deixar jogar. O meio-campo deles, o Chicão, quebrou a perna do nosso Ângelo, o Reinaldo não jogou porque a essa altura já tinham acabado com os seus quatro meniscos e o jogo terminou empatado. Perdemos nos pênaltis. Você precisa se solidarizar comigo. Não pela garrafa de *whisky*, mas pelo sofrimento. Imagine assistir a um jogo desses, absolutamente putificado, num quarto escuro do Sanatório Botafogo, acompanhando meu sogro, que estava em tratamento psiquiátrico!

Eu explico: meu sogro era ex-pracinha, de vez em quando sofria umas ziquiziras lembrando do tempo em que ficou cercado de alemães, enterrado no gelo. Devia ter também outras lembranças mas ele não contava.

Fiquei mais de uma semana na fossa. Mas continuo atleticano, não sei se para o bem ou se para o mal. Quer saber? O futebol de hoje não tem mais muita graça. Às vezes eu resolvo assistir a um jogo do campeonato nacional na televisão, vejo aquela mediocridade toda e passo para o DVD *Pelé eterno*.

PARTE 4

VIDA FAMILIAR

No desenvolvimento da minha família está, sem dúvida nenhuma, o meu maior sucesso. Obviamente, não foi uma obra só minha. Penso que a mãe, nesse particular, foi mais importante. Coube a ela, inclusive, não deixar que as minhas crises afetassem a filharada.

Mas, se não fosse aquela mentalidade familiar mineira que se formou séculos antes da televisão e dos múltiplos apelos de consumo do mundo atual — não fossem os valores que os meus pais e avós me passaram com tenacidade —, acho que eu já teria dado o fora.

Levar uma família adiante, do casamento até os netos, passando por todas as crises deste Brasil varonil, seus planos econômicos, governos e desgovernos, não é fácil nem para quem é perfeitamente sadio. Sim, eu já quis pedir demissão. Mas a coragem que me sobrou para largar os empregos nem chegou perto das minhas decisões na área familiar. Melhor dizendo, a coragem que eu tive foi a de continuar.

Nos polos negativos e positivos.

PARTO COM DOR

Eu trabalhava na Esso e me confiaram um frota — Rural Willys 69. Eu usava para puxar um *trailer* que encostava com toda a dificuldade do mundo nos postos de serviço. Ali eu treinava os frentistas para o bom atendimento, o que fazia parte da minha função de coordenador de *merchandising*, promoções e assuntos públicos — ia da exibição das latas de óleo até a organização do Prêmio Esso de Jornalismo em Belo Horizonte.

Quando entrei para a Esso, o dinheiro deu para o casamento. Pagamos o marceneiro para fazer os móveis mês a mês, enquanto noivos. Meu sogro se sacrificou, mas deu uma bela festa, a família da Doia era grande e supriu a maioria dos eletrodomésticos, os colegas de faculdade fizeram uma vaquinha que ajudou na viagem a Salvador, meu pai emprestou um Corcel II novinho em folha para a lua de mel — tudo era felicidade.

Um mês depois a Doia estava grávida, a gente estava com a corda toda. A gravidez correu muito bem. No dia esperado para o parto, ela ainda pulou corda com os alunos do jardim de infância onde lecionava. Ali pela hora do jantar, ela arrumava a mala e, de vez em quando, dava uma parada súbita: contração. O médico mandou esperar mais um pouco, e fomos dormir.

— Marcelo, Marcelo. A bolsa estourou!

Acordei com a cama toda ensopada. Do lado de fora chovia a cântaros. E lá fomos nós embarcar na gloriosa Rural Willys. A garagem era descoberta, e a fechadura do veículo dependia de um jeitinho. Ficamos mais ensopados ainda. Apesar da folga no volante e do limpador de para-brisa meio gasto, chegamos ao Mater Dei. Você sabe, os jovens podem tudo.

O médico tinha mandado que as enfermeiras fizessem o preparo, que ele estava indo. Maldito gerúndio! Ele também teve problemas para sair de casa debaixo de chuva, pois o portão não abria... Manja o Mr. Murphy? Pois é. Quando ele chegou, finalmente, Doia entrou para a sala de parto. Meus pais e os dela já estavam comigo, apreensivos.

Esse negócio de ver sangue, fotografar ou filmar parto nunca foi do meu feitio. Está com o médico, ele cuida, eu pensava. Só que estava demorando pra burro. Já era madrugada e tínhamos fome, provavelmente mais pela tensão. Então, já que não podia fazer nada quanto ao parto, eu me ofereci para buscar uns sanduíches. Fomos eu e papai.

— Pai, só tem um lugar que eu conheço que está aberto a esta hora.

— Onde é?

— É na zona, na avenida Paraná.

— E tem sanduíche lá?

— Eles servem um filé grosso que é um espetáculo. A gente pede pra botar no pão.

E assim foi feito: alimentamos toda a família com uma iguaria de origem pra lá de duvidosa. Confidencialmente, é lógico.

O parto é que não ia nada bem. Depois soubemos que o médico forçou para fazer um parto normal e, num determinado momento, ficou muito difícil, mas não havia mais como fazer cesariana. A Juju, coitadinha, nasceu com aquelas marcas de fórceps na cabeça. E a Doia voltou para o quarto toda grogue de tanta analgesia, cheia de pontos doloridos por muitos dias.

O idiota aqui não percebeu nenhuma gravidade. O sanduíche estava uma delícia.

FILHOS ADOTADOS — MELHOR TÊ-LOS

Vida de classe média nada folgada, três filhas já adolescentes — Juliana, Daniela e Ana Paula —, a mais velha ameaçando se desgarrar de casa, um caso difícil de administrar. Vínhamos de uma crise financeira um ano antes, quando tivemos que trocar um apartamento espaçoso e um condomínio maravilhoso no Alto Leblon por um três-quartos em São Conrado. A família inteira ainda respirava perdas. A bem da verdade, morávamos com o conforto que muita gente não consegue ter em toda uma vida, mas a sensação de descer a escada é difícil de engolir. De qualquer forma, ninguém achava que aquela situação seria para sempre, trabalhávamos para recuperar o que havia sido perdido.

Era o ano de 1989, tínhamos 18 anos de casados e o pressentimento de que ficaríamos sozinhos outra vez lá pelos 50 anos de idade. Sabe como é, filhos são criados para viver a vida deles, não as nossas. Filhas se casam, maridos são transferidos para outras cidades, às vezes para outros países, e os velhos podem ter que se contentar com eles mesmos ainda antes de ficarem velhos de verdade.

A gente pensava em adotar um filho, uma ideia já antiga, mas que fosse ali pelo fim dos anos 90, para preencher a casa por mais uns vinte anos.

— Quem sabe um casal de gêmeos? Seria legal.

— Gente pobre, assim a gente faz uma caridade.

— Mas eu quero bem bebezinho, e não quero preto. Preto dá muito trabalho, a gente tem que lutar contra muito preconceito.

— Tá legal, quando chegar a hora a gente escolhe.

Na época, tínhamos uma empregada muito querida, que estava lá em casa havia alguns anos. Ela vinha do interior de Minas, indicada por uma prima que trabalhava lá no condomínio. Era órfã de pai e de mãe, tinha por volta de 15 anos quando chegou, e, com o seu jeitinho doce, sempre cordata, conquistou a todos nós. Além de tudo, cozinhava como ninguém. O problema é que ela vinha de uma família de obesos e também era bastante gorda.

E o pior é que continuava engordando. No início de julho ela tirou férias, viajou para São João Del Rei, em Minas Gerais, e eu comentei com a minha mulher:

— Doia, quando a Catarina voltar, vê se vai com ela a um endocrinologista, quem sabe tem algum jeito...

— Meu bem, eu já levei uma vez, você lembra? A médica falou que, quando a pessoa chega nesse peso, faz um esforço tremendo para perder dez quilos e não vai fazer muita diferença.

— Ok, mas tenta um outro médico. Ela está gorda demais.

Mal sabia eu que não era só gordura. Precisamente às duas horas da madrugada do dia 26 de julho de 1989, o telefone tocou, acordamos assustados:

— É a dona Dora que está falando?

— Sim, quem é?

— A dona Catarina tem alguma ligação com a senhora?

— Ela é nossa empregada, o que houve?

— Eu sou obstetra aqui do Miguel Couto, ela vai ter gêmeos e tem risco de vida.

Assim, na lata. Pensamos que fosse trote, mas, ao mesmo tempo, começamos a nos vestir. Nova ligação:

— Dona Dora, é a Fátima, irmã da Catarina. A senhora vai lá no hospital? Acabaram de me ligar.

— Você sabia que a Catarina estava grávida, Fátima? Por que não me falou?

— A Juju e a Dani sabiam, pensei que elas iam falar pra senhora...

Bem, a única coisa a fazer era correr para o hospital. Foi o que fizemos. Quando chegamos, tinha um médico andando pelo corredor, com cara de cansado. Perguntamos se ele sabia dos gêmeos.

— Eu sou o anestesista. Tá tudo bem, é um casal.

— Mas, e a mãe? Ela não estava correndo risco de vida?

— A gente empurrou um pouco, deu tudo certo. É que o menino estava meio atravessado.

— Onde é que eles estão?

— Entra naquela porta ali e pergunta pra enfermeira.

A menina estava na incubadora. Parecia uma rata, de tão pequena. Era bem escurinha e muito cabeluda, lembrava também um *hamster*. O menino era mais preto ainda, padrão Pelé, mas estava maior. Ficou no berçário, junto com os outros. Passou a gravidez inteira sentado em cima da garota e depois custou a nascer, daí o perigo. Diga-se de passagem, a gravidez foi de sete meses. Quando a Catarina saiu de férias, estava com seis.

Quando voltou de Minas, ainda foi passar uns dias com a irmã na favela do Vidigal. Foi de lá que elas saíram de madrugada para o Hospital Miguel Couto.

E quem era o pai? Ela não dizia. Sempre que se tratava de alguma coisa íntima, qualquer coisa que ela achasse que era só dela, a Catarina olhava pra baixo e não respondia. Soubemos pela irmã que foi um namoro rápido numa outra viagem a São João Del Rei, no período de Natal. O cara também estava de férias por lá, morava em São Paulo. E mais não disseram.

— Não quer falar, Doia. Não quer falar. Deixa pra lá.

Na hora de registrar as crianças, eu influenciei bastante: meu pai sempre reclamou que lá em casa só nasciam meninas, que ele queria um Rodrigo. Era fascinado com aquele personagem do Érico Veríssimo, "um certo capitão Rodrigo", e eu também. A Catarina achou bonito, mas disse que ia colocar Rodrigo Luiz da Silva.

— Se você gosta de Rodrigo, que tal Renata?

— Gosto sim, vou pôr Renata Cristina da Silva.

— E o pai?

— Desconhecido.

E assim foi feito o registro. Por muitos anos ninguém falou mais no pai, ele nunca apareceu aqui no Rio.

A RATINHA CAI DO BELICHE

Um grande susto veio também por telefone. A Catarina estava trocando os meninos, que dormiam na parte de cima de uma cama-beliche. Ela cuidava de Rodrigo embaixo, e a Renata se mexeu na parte de cima. Caiu de uma altura aproximada de 1,50 metro.

A Doia não estava em casa, e a Catarina me ligou no escritório. Saí esbaforido, mas quando cheguei a Doia já tinha aparecido e levado a Ratinha para o hospital. Ratinha era como eu chamava, e ainda chamo, a Renata. Naquele tempo a gente não tinha celular, ficava rodando um atrás do outro sem ter notícias. A Catarina me deu o nome do hospital, e lá fui eu.

— Ela rachou a cabeça de cima a baixo — disse a Doia. — Está em observação.

E assim ficou por toda a noite. Nossa função, prescrita pela médica, era não deixar que ela dormisse.

No dia seguinte, outro exame, e a médica declarou:

— Aparentemente não tem nada. A cabeça, nessa idade, vai colar naturalmente.

Fomos pra casa com aquela dúvida: será que vão ficar sequelas? A Renata tem um gênio tão difícil que às vezes eu penso que foi da cabeça. Mas é brincadeira minha. Ela é difícil mesmo.

Costumo dizer que a Renata é a Juliana preta. Juliana é a nossa filha mais velha, tinha 16 anos quando os pretinhos nasceram. E estava dando um trabalho dos diabos. No verão daquele ano de 1989, ela já tinha passado dois meses em Búzios com uns amigos, numa casa alugada de um pescador. Quando voltou, ia pra aula de chinelo de dedo, saia de *hippie* ou então *short*, e um caderno pequeno, cheio de rabiscos e páginas rasgadas, que servia para todas as matérias. Depois ficamos sabendo que ela não entrava para assistir às aulas, preferia ficar sentada no muro da escola batendo papo. Quando entrava, não poucas vezes dormia durante as aulas, até durante os testes. E, se desse praia, deixava o colégio pra trás e ia se encontrar com os amigos surfistas.

A gente começa a escrever sobre o assunto e fica sabendo ainda mais. Ela também matava aula se escondendo no quarto da Catarina, ou no *playground* do prédio, até que eu e a Doia saíssemos para trabalhar. Então voltava pra cama e dormia até não sei que horas.

Quando havia um feriado, sumia novamente pra Búzios, perdia vários dias de aulas, que não frequentava mesmo, e a gente ficava feito louco, sem saber direito onde ela estava e o que estava fazendo. Não havia diálogo. Um dia jantamos aos berros por causa dos resultados da escola, e ela chegou a dizer que ia sair de casa. Ato contínuo, mandei-lhe um copo de água cheinho pela boca.

— Tosse, tosse, tosse. — Ela saiu da mesa engasgada.

— Você tá doido, pai?

— Você tá louco, Marcelo?

Acho que eu estava mesmo. Doido de impotência, doido por não saber como tratar o problema.

Pois foi naquele mesmo julho, em que os meninos nasceram, que a Juliana se mandou pra Búzios novamente, pra morar com um namorado que estava reformando um barco para alugar para turistas. Tinha dez anos mais que ela e nunca havia trabalhado.

E ela ainda não tinha completado 17 anos. Já pensou?

Bem, mandamos um recado: se ela não voltasse até tal dia, não precisava voltar mais. Ela cumpriu o prazo e saiu com a seguinte conversa:

— Meu namorado vai para os Estados Unidos agora em agosto, vai morar com o irmão dele que está em Los Angeles e trabalhar lá. E eu quero passar o ano-novo com ele.

— Minha filha, como é que você vai para os Estados Unidos? Com que dinheiro?

— Vou vender camisas, vou ganhar dinheiro.

Imagine, camisetas a R$ 5,00. Uma passagem Rio-Los Angeles, ida e volta, mais algum dinheiro pra se garantir. Só na cabeça dela. Mas dizem que o que se quer de verdade se consegue. Quando chegou outubro, um amigo me chamou para fazer um trabalho grande para o Citibank e voltei de São Paulo com a viagem dela garantida. No Galeão, logo depois do Natal, eu só disse o seguinte:

— Você tem a passagem de ida e de volta. Estão aqui mais mil dólares. Se der errado, vai pro aeroporto, pega o avião de volta, que eles te dão comida. A gente vem aqui te buscar e pronto.

A Juliana está nos Estados Unidos até hoje. Casou-se com o namorado na corte do condado de Orange, Los Angeles, mas não sabe dizer o dia, de tão desligada que é. Conseguiram o *green card*, ela se formou em *computer graphics* e hoje trabalha em casa, em Phoenix, Arizona. Tem uma empresa chamada Studio Lapis, outra com a marca Ecosaurus, para vender produtos "verdes", tem bons clientes, tem renome, está tudo ótimo. Mas antes passou o diabo: foi *baby-sitter*, entregou *pizza*, enfrentou um terremoto em Los Angeles, colocou o que sobrou da casa num carro velho e foi para Phoenix com o marido procurar emprego nos classificados. No princípio, fez faxina. A gente quase morreu quando soube.

— Tem problema não, mãe. Aqui é tudo com luvas, com produtos, a gente não faz força. Tem problema não.

Também é bipolar a danada. O diagnóstico veio de um médico indiano, recentemente.

Demos uma ajuda nos estudos, o computador, a mensalidade do *college* e o carro para trabalhar e estudar, pois lá é tudo muito longe. O Bé (apelido do meu genro) se empregou numa empresa de telecomunicações, onde recentemente foi promovido a *project manager*, e hoje eles moram numa casa de dois andares, já até mandaram uns dólares pra cá numa necessidade.

Bem, voltando à Ratinha. Nos recuperamos todos do tombo, inclusive a criança. E, logo que pudemos, nos livramos do maldito beliche.

FILHOS PRETOS, BABÁ BRANCA

Durante toda a vida, por mais que a gente procurasse agradar, a Catarina fez poupança e começou a construir uma casinha. A família dela tem umas terras na zona rural de São João Del Rei. Ali moram os irmãos e as irmãs. Nascem os filhos e, quando eles resolvem casar, ou simplesmente engravidam, fazem umas casinhas novas, uma ao lado da outra, ou dividem as que já existem. Vivem da agricultura de subsistência, umas galinhas, umas cabeças de gado. Quando se cansam da pobreza de lá, vêm para a cidade grande, viver a pobreza de cá. Foi assim que ela se empregou lá em casa, por volta dos seus 15 anos.

As crianças tinham um ano e pouco quando a minha vida profissional deu uma guinada pra cima. Alugamos um apartamento de quatro quartos, e Doia colocou uma babá para as crianças. Era muito engraçado, porque a babá era branca feito cera. A Catarina e as crianças ganharam um quarto dentro de casa, e matriculamos os meninos numa escola particular da vizinhança. Teve um dia que uma coleguinha do Rodrigo virou-se pra mãe e perguntou:

— Mamãe, o Rodrigo pegou fogo?

A escola só tinha gente branca.

Depois eles cresceram um pouco, e a Doia resolveu matriculá-los na Escola Logosófica. É uma filosofia interessante, e achamos que lá eles seriam mais respeitados. E foram. Tive ocasião de ir a algumas daquelas festas em que os pais devem participar das brincadeiras, coisa que eu nunca tinha feito para as minhas filhas naturais. Mas eu já era um pai velho, quase avô, talvez por isso tenha adquirido maturidade para brincar. As crianças adoravam e me chamavam "meu pai". Aliás, este foi sempre o tratamento. Nunca me chamaram "papai", sei lá eu por quê. A Doia não. A Doia era a Doia, porque a mãe deles era a Catarina. Mas, no princípio, chamaram a Doia de mãe umas poucas vezes. Ela procurou uma amiga que era psicóloga e o conselho foi o seguinte: diz que você é a "mãe do coração" e que a Catarina é a mãe de verdade. Não sei até que ponto foi um bom conselho, mas, felizmente, em pouco tempo não havia mais dúvidas — Catarina era mamãe e Doia era Doia. Até porque a Catarina marcava o território dela muito bem. Ela dormia com as crianças, alimentava, protegia e, nas horas vagas, brincava ou passeava. Parecia uma grande ave, com as crias debaixo da asa. Por outro lado, a Doia tem mel, toda criança gosta dela. Ela sempre soube os remédios certos para quase todos os incômodos, passeava, ensinava, vestia, dava presentes — as crianças cresceram numa mordomia só.

EVITANDO CONFLITOS

A gente tinha muito cuidado em relação a preconceito racial. Quando mudamos para aquele apartamento maior, no Alto Leblon, logo no primeiro dia eu fiz uma carta para o síndico, solicitando que os porteiros fossem orientados de que as crianças eram nossos filhos. Não queria que eles fossem molestados quanto ao uso de elevadores, áreas sociais etc. Melhor prevenir. Moramos lá por 12 anos e não tivemos nenhum problema, nem com os vizinhos. Os meninos fizeram boas amizades por lá.

O Brasil é um país interessante. Preto enquanto criança, se estiver bem vestido, é bonitinho. Preto crescido é um perigo. E preto no clube, mesmo que seja limpinho, é difícil de engolir. Uma vez perguntei ao administrador de um clube de bacanas lá em São Paulo:

— Vocês aceitam preto como sócio?

Ele não respondeu, e eu insisti.

— Se vier uma família de fora pra cá, com uma boa situação, e os filhos forem pretos, pode?

— Melhor que eles fiquem no lugar deles.

Também quis entrar como sócio no Clube Federal, lá perto de casa, colocando as crianças como dependentes. Anexei os retratinhos na proposta. Foi indeferida. Está certo que os meninos ainda não eram meus filhos, oficialmente. Mas será que foi por isso que foi indeferida?

Resolvemos, eu e a Doia, que deveríamos frequentar onde eles fossem aceitos. Não estávamos dispostos a brigar com o mundo, contratar advogado, nada disso. Botamos todo mundo no Flamengo, Catarina inclusive. Tem preto à beça brincando naquelas piscinas, ninguém incomoda. E ela adorava aquelas horas de folga que passava com os filhos por lá.

Agora, quer dar um risinho amarelo? Crie um filho preto e depois vá se encontrar com os seus amigos brancos num clube classe A. Eles sabem contar umas piadas sobre crioulos que são uma graça!

E veio um dia em que o excesso de gordura de Catarina realmente atrapalhou, ela teve um derrame, seguido de um ataque cardíaco, estava de férias com os meninos em São João Del Rei, o hospital tinha poucos recursos e ela faleceu.

Os meninos tinham dez para onze anos. A família concordou, e nós fizemos a adoção oficial. A Ratinha já superou a perda, mas o Rodrigo não. Foi convocado para o exército, o negócio se agravou e o resultado é que ele está fazendo psicoterapia. O psiquiatra me falou que ele perde a mãe todos os dias, é triste. Mas parece que está melhorando.

ATRAVESSADO NA GARGANTA

Enquanto o mercado era favorável, não fiz poupança nem formei patrimônio. Vivi bem, pura e simplesmente. Para mim, o longo prazo jamais chegaria. Não foi isso que o Galbraith disse a respeito da "cultura do contentamento"?

Pois é. O problema é que a família toda usufruiu e depois, quando vieram as vacas magras, ficou me cobrando. Resolvi desabafar.

Eu prestava serviços em uma determinada agência de propaganda. E, assim como muitas delas fazem com todos os órfãos do mercado do Rio de Janeiro, queria me explorar na base de 5 mil reais por mês e o que era *part time* estava se transformando em *full time*. Fiquei puto. Fui embora.

Um dia desses eu fui tomar uns goles no Jobi, e um dos mais queridos amigos meus me disse assim, na lata, que o mercado publicitário carioca deveria ser reinventado, que não era possível eu querer ganhar mais de 15 mil reais por mês.

Fiquei puto. Fui embora.

Noutro dia uma filha veio aqui em casa pra me dizer que eu não podia assumir uma prestação de 900 reais por um carro porque eu não tenho emprego, não sei o dia de amanhã. Fiquei puto outra vez, mas ela está perdoada. Já tivemos mais de uma crise financeira no passado, o pessoal de casa ficou meio traumatizado. No fundo, no fundo, é possível que ela tenha razão. Eu me transformei num velho ranzinza a ponto de escrever para um potencial cliente, tempos atrás, a seguinte pérola:

"Agora, vamos a esta minha relutante assessoria. Conversa franca. Estou fazendo 59 anos, trabalho desde os 16, e determinei algumas políticas para a minha vida:

a) não quero envelhecer cumprindo ordens;

b) não conjugo o verbo "ter que"; só tenho que ir ao meu próprio enterro, embora vá a muitos lugares desagradáveis por achar importante;

c) como dizia um mafioso que conheci em NY: 'My time is my time.'

d) não aceito responsabilidades sobre trabalhos de terceiros, a menos que estejam diretamente sob a minha supervisão;

e) enquanto assessor, trabalho no meu *home-office*, meu cartão de visitas é da Conscius, o *e-mail* também.

Têm me custado muito dinheiro essas cinco letrinhas. Mas é com elas que eu pretendo enterrar meus ossos."

Quero falar só mais uma coisa, que está atravessada na minha garganta, porque de vez em quando eu ouço certas diretas ou indiretas que me colocam como o único responsável por esta situação de instabilidade. Eu nunca fui um poupador. Sempre privilegiei o bem-estar, embora também não fosse um esbanjador. Mas a verdade é que, em trinta e muitos anos de casado, nunca recebi nem 100 reais de volta. Tipo assim: "Toma, economizamos este mês, põe na poupança." Se hoje estamos exilados em Copacabana, se não temos patrimônio nem dinheiro para guardar, se a situação deixa tanta gente preocupada, é porque todos gastamos. E não tem sido pouco.

Obs.: Este foi mais ou menos o teor de uma carta que fiz para a família num momento de indignação. Fiquei particularmente chateado porque estavam duvidando que eu, próximo dos 60 anos, pudesse colocar a cabeça para funcionar e ganhar dinheiro. Mulheres. Elas pensam com a cabeça na feira. E com a subserviência da cultura a que foram submetidas durante séculos. Querem pais e maridos empregados, fogem da autonomia e das suas oscilações. Mas ainda vão aprender que a globalização nos trouxe, por não sei quanto tempo, a instabilidade. Para a maioria da população, a tônica dos dias de hoje é a insegurança e só existe uma saída possível: perseverar.

"'PAIA' É COM VOVÔ MARCELO"

Quando eu era mais jovem, não era muito ligado nas minhas três primeiras filhas. Me lembro que costumava carregar a Juju, ainda bebê, para mostrar obras de arte enquanto ouvia *jazz*. Não tenho nem certeza se ela enxergava direito, o certo é que se tornou *graphic designer*. Fora isso, minha lembrança mais presente fala das nossas idas a Itaipu, nos fins de semana, na região litorânea de Niterói. No caminho, eu contava histórias de um casal imaginário, ia inventando coisas a respeito, e a Dani e a Paulinha também adoravam. Sempre me perguntavam pelo tal casal, o que estaria fazendo?

Meu nome era trabalho. Não adiantava chamar para festinhas na escola, reuniões de pais, eu nunca podia. Chegava ao cúmulo de falar para a minha mulher que as crianças estavam matriculadas, eu não. Toupeira! Para mim, importante era ser provedor, até mesmo protetor, nada mais. A imagem era tão forte que, quando a professora pediu que a Dani fizesse um cartão do Dia dos Pais, ela não teve dúvidas:

— Papai é chefe. Papai faz cheque.

Quando vieram os filhos adotados, Rodrigo e Renata, mudei quase completamente. Fui a algumas reuniões na escola, dava muito mais atenção. Mas o negócio mudou mesmo foi quando nasceu o Rafael, filho da Dani. Que emoção ver uma parte da gente renascendo da filha! Acompanhá-lo crescer, virar criança de novo. Ainda mais porque moro no Rio e eles em Curitiba. Cada vez que nos encontramos, ele já cresceu um pouco mais, ganhou novas habilidades. E como é simpático o danado!

Certa vez eles passaram uma temporada no Rio, e eu resolvi vagabundear, pelo menos na parte da manhã. Íamos à praia, só eu e Rafael, que ainda não fizera dois anos, todos os dias. Eu deixava ele andar sozinho na calçada, tropeçar nas pernas, cair, levantar, entrava na água, deixava molhar a cara. Mesmo quando ele chorava eu esperava ele se refazer sozinho.

Agora já nasceram mais dois gêmeos curitibanos, dois ogrinhos supersimpáticos. E a Ana Paula me deu a Letícia e a Gabi, que mais parecem umas bonequinhas. Tratamos de arranjar um apartamento maior, que é para virar "casa de vó", literalmente. A varanda é boa, transformei num *playground*. Tem rede, pianinho, sei lá quantos brinquedos, bolas, quadronegro etc. e tal.

Se é gratificante? Olhe só. Noutro dia o Dudu, pai do Rafael, conversava com ele na cozinha, em Curitiba.

— Filho, em outubro nós vamos pra casa da vovó Doia e do vovô Marcelo. Vai ser ótimo, eu vou te levar na praia...

— Não, papai. "Paia" é com vovô Marcelo. Você fica aqui na "cozina".

PARTE 5

CRIATIVIDADE E MUITA CORAGEM

Agora você vai ler sobre o projeto da minha vida, uma mistura de criatividade, ilusionismo, oportunidade, coragem, fantasia, capacidade de convencimento e realização, imprevidência, decepção. Coisas de um bipolar? Sei lá. Eu tomava lítio regularmente e ninguém notou qualquer distúrbio na época. Julgue você mesmo.

UM CARA FUTURISTA

Eu trabalhava como assistente de promoções na matriz da Souza Cruz, no Rio de Janeiro. Tinha chegado havia pouco mais de dois anos, quando me deram um chefe completamente neurótico, que me atrapalhava o juízo em exercício diário e metódico. Graças a Deus fiquei livre dele ao me passarem para essa área de promoção de eventos. Era um trabalho delicioso: uma hora eu estava acompanhando o Festival Arizona de Violeiros, na outra semana o Festival Hollywood Vela — uma festa. Mas eu era o assistente, e o gerente saiu. Fiquei interino, preparei o orçamento do ano seguinte, estava tudo direitinho quando o gerente-geral de comunicação me chamou na sala dele para dizer que não ia me efetivar, pois eu ainda era inexperiente.

Inexperiente coisa nenhuma! Tinha 32 anos e já trabalhava desde os 16. O negócio é que a companhia tinha me enviado aos Estados Unidos para participar do Promo Show, e eu voltei com o recibo de uma consulta no "Maniac Depression Institute" (*or something*) para ser reembolsada. O Dr. Ulisses, meu médico no Brasil, sugeriu que eu fosse lá porque o lítio deles era melhor. A Souza Cruz reembolsava todas as despesas médicas, e eu, com esta minha mania de transparência, não escondi o papel com aquele nome diabólico. Paguei o preço. Colocaram outro gerente em cima de mim. Só que este era legal, menos mal.

Eu precisava melhorar de vida, tinha casado muito novo, nossos pais não puderam ajudar muito, tivemos três filhas, uma atrás da outra, não deu para formar patrimônio nem poupança. Então, entrei em férias e fiquei matutando em casa que alternativas podia criar. Como tinha muito pouco relacionamento no Rio, cheguei à conclusão de que o melhor seria tentar progredir dentro da própria Souza Cruz.

Naquela época, montaram uma força-tarefa com as agências que nos atendiam solicitando alternativas para uma possível proibição da propaganda de cigarros na grande mídia. Mal sabíamos nós que o Brasil aprovaria, alguns anos depois, uma das legislações mais restritivas que existem em todo o mundo.

Apesar de não ter sido chamado a participar, resolvi trabalhar por aí. E, no primeiro dia de volta ao trabalho, fiz um memorando para o Departamento Jurídico, perguntando o que seria necessário para a Souza Cruz, fabricante de cigarros, lançar a Boutique Hollywood, começando pelos estilos *pop discotheque*, moto, tênis e vela. Eu não sabia, mas já se pensava em coisa parecida. Algum tempo depois a companhia lançou a Hollywood Sport Line com um conceito de grife de moda. E criou-se uma gerência para os itens promocionas (camisetas, bonés, cadeiras e barracas de praia, sacolas etc.), que foi entregue aos meus cuidados. Era como um prêmio de consolação.

Em janeiro de 1980, esses conceitos de diversificação de marcas estavam fresquinhos na minha cabeça. Foi quando me deparei com uma matéria na revista *Playboy*, dizendo: "O que pode mudar sua vida para melhor nos anos 80." Um dos tópicos era "No Brilho do Halley". E dizia que a cauda do cometa ia cobrir dois terços do céu, inspirar músicas, suvenires e crianças iam ser batizadas com o seu nome. O ano da graça: 1986.

A dica estava toda ali. Quem tivesse aquela marca ficaria rico! Nada mais simples, óbvio e... devastador.

NO BRILHO DO HALLEY

Eu já sou um sujeito propenso a me iludir com as minhas próprias ideias. Imagine quando o negócio parece real! A *Playboy* dizia que o cometa ia cobrir dois terços do céu. A fonte era a *Scientific American*. Quer credibilidade maior? A última vez que o Halley visitara a Terra tinha sido em 1910. Corri para a Biblioteca Nacional para ler os jornais da época. Estavam todos impressionados, alguns achando que o mundo ia acabar, outros maravilhados com o espetáculo. Aconteceram festas e banquetes nas ruas de Roma, Nova York e Paris durante várias noites. Carlos Drummond de Andrade, que vira tudo quando criança, escreveu assim:

"O que aconteceu à noite foi maravilhoso. O cometa de Halley apareceu mais nítido, mais denso de luz [...] Saímos para a rua banhados de ouro [...] Nunca mais houve cometa igual, assim terrível, desdenhoso e belo. O rabo dele media... Como posso referir em escala métrica as proporções de uma escultura de luz, esguia e estelar, que fosforeja sobre a infância inteira? No dia seguinte, todos se cumprimentavam satisfeitos. A passagem do cometa fizera a vida mais bonita."

O poeta Murilo Mendes, por sua vez, escrevera o seguinte:

"Sua aparição, no princípio do século, me deslumbrou quase até o delírio. Eu tinha então nove anos e morava em Juiz de Fora. Mas ainda hoje a visão do cometa Halley é uma das impressões mais fortes que guardo. Nunca vi coisa mais bela que aquele corpo resplandecente de estrelas, passeando pelo céu da minha cidade natal."

Fiquei ainda mais entusiasmado quando o advogado que consultei me disse que a marca Halley estava livre no Brasil para a grande maioria das classes de produtos e serviços do Instituto Nacional da Propriedade Industrial (INPI). E fiquei abobalhado quando chegou a notícia de que estava livre também nos Estados Unidos.

— Como é que ninguém pensou nisso antes?

Constituí empresa para fazer os registros e fui depositando, classe por classe, aqui e lá, sempre que sobrava um dinheirinho. Eu pressentia que aquele era o projeto da minha vida. A ideia fervilhava na minha cabeça, onde eu construía um minucioso plano de *marketing* para explorar a volta do cometa. Esse plano incluía a criação de um grupo de personagens para histórias em quadrinhos e desenhos animados, que se incumbiriam de perpetuar a marca Halley, já que, sozinha, sua vida deveria ser muito curta, terminando logo após o evento.

Contado agora, parece que foi rápido. Mas daquela primeira leitura na *Playboy* de janeiro de 1980 até o primeiro depósito no INPI, na classe de revistas e periódicos, passaram-se 10 meses. O primeiro depósito nos Estados Unidos só foi concretizado em maio de 1981. Tudo era feito em sigilo, pois eu trabalhava na Souza Cruz e não queria que o assunto me prejudicasse funcionalmente. Também era melhor que ninguém soubesse antes que eu pudesse completar a posse da marca.

Hoje em dia, acho tudo isso um absurdo. Como é que um sujeito pode requerer o monopólio sobre o nome de um cometa, fenômeno da humanidade? Mas juro que, na época, eu achava esse direito corretíssimo.

O *design* da marca e os personagens passaram pelo crivo da Editora Abril, que aprovou a criação de Luiz Antonio Aguiar (textos) e Lielzo Azambuja (arte). Fiz os competentes *copyrights* no Brasil e, para ficar mais forte, também nos Estados Unidos. O direito autoral é legítimo, a meu ver. Os personagens eram originais, assim como suas histórias. Traziam uma mensagem muito bonita, de harmonia em toda a galáxia.

Mas toda a preparação feita até aquele momento não seria possível não fossem os irmãos Juliano e Luis Felipe Tavares, que, ao saberem do meu projeto, ficaram absolutamente alucinados e quiseram participar de qualquer maneira. Nosso contrato era um primor jurídico: num guardanapo de papel da lanchonete do Hotel Casa Grande, no Guarujá, rabisquei 50% 50%, desde que eles financiassem o que faltava. Isso foi em janeiro de 1982. O Juliano rompeu a sociedade com o Luis Felipe na Koch Tavares e, quando separaram os negócios, coube a Ipe ficar com o investimento em nosso projeto. Até 1984 ele me enviava dinheiro todo mês, mediante um relatório de despesas sem comprovantes anexos. Não tínhamos contrato assinado. Se eu quisesse, ele não veria um tostão. Se ele quisesse, interrompia o financiamento.

1982. Haja emoção. Em janeiro a Koch Tavares começou a financiar o projeto, e eu pude acelerar a proteção jurídica e a concepção de *marketing*, dos personagens e tudo mais. Em outubro a Souza Cruz me mandou para uma viagem de negócios nos Estados Unidos. Aproveitei o tempo livre e visitei a Marvel Comics. Achei que estava abafando. Quando cheguei ao Brasil, encontrei o Homem-Aranha num envelope. Tremi nos ossos. Será que eles iam produzir Os Halley? Será que Deus tinha ouvido as minhas preces? Naquela época, de ateu convicto eu já estava me tornando esotérico, fazia consultas com a avó da minha mulher, que era médium espírita e tudo mais. Mas ainda não era dessa vez. A carta dizia apenas que a Marvel não tinha interesse e me desejava sucesso. Americano burro, pensei. Como é que aquele imbecil não podia antever a magnitude do evento, o efeito dele sobre as pessoas, o *marketing* que haveria em torno? Eu estava oferecendo a ele, em primeira mão, a exclusividade sobre tudo isso. Como é que ele não queria? Mas eles são assim mesmo: só trabalham dentro de um determinado foco e não precisam correr grandes riscos, pois o país tem (tinha) excesso de oportunidades. Que diferença do Brasil dos anos 80, quando corríamos atrás de qualquer chance, pois tudo era tão escasso que não se podia perder nada. E, no fim, ficávamos envolvidos num monte de coisas e promessas que jamais realizávamos.

Ainda naquela viagem, recebi uma bela ducha fria. Comprei lá um livro: *The Comet is Coming*, de Nigel Calder. Quando voltava no avião para o Rio, terminando a sua leitura, a sentença de morte: o autor calculava que a próxima passagem do Halley seria fraquíssima, muito mais longe do que em 1910, e que não conseguiríamos observá-lo bem. Gelei. Então aquele artigo da *Scientific American*, dizendo que o cometa tomaria dois terços do céu, estava errado? Ou estaria errado o Nigel

Calder? Mas, que diabos, ele também era americano, supostamente bem informado, bom cientista e sério. Naquele tempo eu ainda acreditava que tudo que viesse dos Estados Unidos era melhor.

Cheguei ao Brasil absolutamente angustiado. E lembrei-me de que, nos tempos da adolescência, tinha sido vizinho de um astrônomo muito respeitado em Belo Horizonte, o Prof. Oswaldo. Na primeira oportunidade, fui até ele com toda a ansiedade do mundo.

— O cometa de Halley? O cometa de Halley vai ser a visão mais deslumbrante do planeta. Os cientistas da minha geração só pedem a Deus para não morrer antes de ver o Halley.

Era tudo que eu precisava ouvir. Mas, por via das dúvidas, racionalizei. Se eu conseguisse lançar os personagens e fazer deles um sucesso, eles teriam vida própria, independentemente do evento. Além disso, estavam previstas várias naves que iriam ao encontro do cometa, com câmeras de televisão. O cometa estaria nos vídeos do mundo inteiro, seria notícia e geraria interesse de qualquer forma. Eu não precisava tanto que ele aparecesse a olho nu. Deveria, então, direcionar o projeto para a viabilização dos personagens antes que o evento acontecesse.

E, como se verá, foi o que aconteceu, em parte.

"O MARCELO É MARCELO DEMAIS"

A minha função na Souza Cruz me exigia frequentes viagens a São Paulo, onde estavam os nossos principais fornecedores de itens promocionais. Em todas essas viagens, eu aproveitava para colocar em dia os meus assuntos com o Juliano e o Luis Felipe, que sempre me apresentavam a um ou outro empresário com interesse em conhecer o projeto Halley, talvez usar a marca, talvez financiar um filme com os personagens.

Um desses encontros foi, no mínimo, grotesco, e eu peço licença para não citar os nomes verdadeiros das figuras, por razões óbvias. Me levaram para almoçar com um tal de Miranda, um *socialite* muito gordo, grande, feio pra cachorro, que tinha uma mulher lindíssima, usava roupas finíssimas, cravo na lapela, fumava charuto e falava alto, como se desse ordens e ditasse regras para todo mundo. O *maître* o tratava com a melhor das deferências — as gorjetas deviam ser muito altas —, e até o dono do restaurante vinha constantemente à mesa para saber se o "doutor" estava sendo bem atendido.

Diziam que o cidadão ganhava muito dinheiro vendendo armas para o Kadhafi e tinha inúmeros contatos internacionais que poderiam viabilizar o filme dos Halley. Ele mandou a conta do restaurante para o escritório e pediu que procurássemos o sócio dele, Francisco Toscano, na empresa deste último, na avenida Paulista. Fomos eu e o Luis Felipe. Uma senhora nos atendeu e foi nos passando de uma sala para outra, todas muito bem decoradas, sempre com gravuras de navios antigos nas paredes, mas invariavelmente vazias e silenciosas. Numa dessas salas de espera, eu perguntei ao Luis Felipe:

— O que eles fazem aqui?

Como sempre, ele sintetizou:

— Impossível saber.

Aquela reunião durou muito pouco, pois o Toscano estava ocupado. Ele pediu que fôssemos à sua cobertura, naquela noite, nos Jardins. Era suntuosa. A decoração parecia a de um daqueles palácios que a gente só encontra na Europa. A governanta nos pediu para esperar na sala de jogos, no último andar. Daí a pouco nosso personagem apareceu com o tal de Miranda. Falamos do projeto, das suas possibilidades internacionais, da proteção legal. Logo eu percebi que, se eles tinham realmente algum dinheiro disponível, não iam pingar nada no jogo. Tudo que fariam se resumia a tentar a intermediação do negócio com alguns contatos que mantinham no exterior.

No dia seguinte eu me encontrei com o Juliano e sentenciei.

— Eu não vou fazer negócio com esses caras.

— Mas, por quê?

— Não sei por quê. Não gostei deles.

Apesar da grosseria, ficou por isso mesmo. Anos mais tarde, o Miranda e o Toscano estavam nas folhas. Em episódios diferentes, foram acusados de ter aplicado alguns golpes do colarinho branco. Não sei no que deu.

Em outra oportunidade, também fui bastante intempestivo. Durante o Hollywood Vôlei, no Guarujá, fomos encontrar um *prospect* para nosso sócio na pessoa de um famoso publicitário, fundador de uma das principais agências de propaganda do país. Ele estava à beira da piscina do Hotel Casa Grande, onde hospedamos os jogadores. Ficou encantado com a ideia. A agência dele mantinha, inclusive, acordo operacional com uma forte agência americana.

Deveria ser uma boa parceria para nós, o que poderia representar financiamento do nosso tão almejado filme, além de possibilidades comerciais no exterior, que ainda não tínhamos concretizado.

Aquele publicitário ainda se encontrou algumas vezes com o Ipe, as conversas progrediam bem, até que ele colocou na jogada o seu diretor-financeiro. Ele dizia que jamais viajava sem o seu financeiro de um lado e o advogado do outro. Eram a garantia dos seus bons negócios. Mas não precisava exagerar tanto. Depois de umas duas reuniões e dois telefonemas, o financeiro tinha invertido toda a conversa, só colocaria o dinheiro depois de eliminar todos os riscos e exigia aumentar consideravelmente a sua participação percentual nos lucros. Naquele segundo telefonema eu fiquei indignado e perdi as estribeiras. Desliguei o telefone rispidamente, em que pesasse o Luis Felipe estar ao lado e eu ter consciência de que ele precisava concretizar aquela sociedade para lhe tirar o peso financeiro dos ombros. Na vida, no entanto, a intuição pode valer mais do que a razão. Algo me dizia que o guarda-livros só ia nos causar problemas. O Ipe ouviu a discussão calado e não fez qualquer comentário. A gente se entendia muito bem.

Um aspecto a enfatizar, nesses dois episódios, é a minha tendência à radicalização. Sempre abracei ou recusei causas e aproximações com um poder de decisão fora do comum. O que também me fez turrão, principalmente ao defender ideias, mais ainda se estivesse tocado pela bebida. Foi observando isto que um dos meus mais diletos colegas de trabalho em toda a vida, o Mauro Matos, da Comunicação Contemporânea, certa vez vaticinou:

— Marcelo, você é Marcelo demais!

OS PRIMEIROS DEGRAUS NOS ESTADOS UNIDOS

Certa vez, ainda em 1982, recebi um telefonema do Ipe pedindo que eu fosse a São Paulo me encontrar com ele no Caesar's Park, onde estavam hospedados o Mike Davis e sua esposa. O Mike era presidente da Associação de Tenistas Profissionais (ATP) em Nova York, e poderia viabilizar alguns contatos para nós. Almoçamos juntos, e ele gostou muito do projeto. Mas foi a mulher dele, que era muito viva e inteligente, quem se entusiasmou mais e, presumo, colocou "lenha na fogueira" em suas noites ao lado do marido.

Na sequência, em fevereiro de 1983, o Ipe ligou novamente, me convocando para uma viagem a Nova York.

— Vamos domingo de carnaval. Na segunda tem uma reunião na ATP e o Mike Davis vai nos apresentar a uns investidores que estão interessados no projeto.

Era a máxima emoção. A glória. Nova York aos nossos pés. A grande sinergia que eu mantinha com o Luis Felipe era que nós sempre achávamos, a cada novo contato que fazíamos, que o projeto seria vendido ali e totalmente viabilizado. Nós nunca desistíamos quando nos frustravam. E frequentemente sonhávamos alto. Conversávamos sobre o dinheiro que iríamos ganhar, o sucesso do filme com os personagens Halley, a noite de estreia, a bilheteria, os produtos licenciados em todo o mundo etc. Nas nossas viagens, então, a cada jantar, a cada nova taça de vinho, nossos projetos se multiplicavam e ficavam cada vez mais reais na nossa mente, impulsionando os dois para um futuro absolutamente incerto, mas que enxergávamos completamente bem-sucedido.

E lá fomos nós. Permuta com a Pan-Am na classe turística, permuta com o Parker Méridien para dois apartamentos de 245 dólares por dia cada um, sem café da manhã. A Koch Tavares tinha dessas vantagens. Ela editava uma revista de tênis onde a Pan-Am e a cadeia de hotéis Méridien anunciavam, gerando crédito para as nossas mordomias.

Para que uma sociedade funcione, é preciso que os sócios se respeitem e se completem. Nós tínhamos esse mérito. Eu era mais pensador, planejador, paciente, um pouco introspectivo. O Ipe era, antes de tudo, um campeão de tênis. Ia em todas as bolas, tinha garra, não admitia a derrota. Todas as suas ações, na quadra ou nos negócios, eram assim. Os campeões acham que não há nada que eles não possam superar.

Mas, voltemos àquela segunda-feira de carnaval, na reunião da ATP. Lá estavam o presidente da entidade, o Mark Peroff, advogado de marcas, patentes e direito autoral, o David Wood, um inglês que tinha uma empresa de consultoria de *marketing* em Londres e Nova York, e um outro cara, de cujo nome não me lembro mais, que era advogado especializado em viabilizar negócios (*joint ventures*, fusões etc.). Diziam que ele representava o interesse de muitos investidores em Nova York.

Foi uma reunião caótica. O Luis Felipe, que falava um bom inglês, ainda não conhecia todas as possibilidades de *marketing* do nosso projeto para fazer uma apresentação. Ele entrou naquele negócio pela mais pura intuição. Eu, que era o criador e dominava o processo, não dominava a língua. Aquela era a minha segunda viagem aos Estados Unidos — faltava prática e bastante vocabulário. Mas fiz a apresentação assim mesmo, dizendo do potencial da ideia, da proteção legal e das características dos personagens. Quando terminei, os gringos caíram de pau em cima de nós. A ideia não valia nada, era difícil de se realizar, a proteção legal era imperfeita, ninguém ia se arriscar, nós não tínhamos nada.

— I cannot understand. I travelled all night. We are in this meeting for two hours. If we have nothing, what are all of us doing here? — resolvi interromper. A bem da verdade, eu media as palavras. O que eu queria dizer mesmo era. "Se não vale nada, o que vocês estão fazendo aqui esse tempo todo?"

Foi aí que o Mark Peroff abriu a sua pasta e mostrou uma pesquisa completa sobre a marca Halley que ele tinha encomendado ao United States Patent and Trademark Office, a pedido do David Wood, demonstrando o que eu já sabia. A marca estava livre, exceto por um isqueiro japonês e um perfume francês, mais uma ou outra coisinha sem importância. Os registros existentes eram de 1910, quando o cometa passou pela última vez. O que eu já tinha feito era proteção segura, e precisávamos fazer mais se quiséssemos ampliar a gama de produtos cobertos.

A reunião terminou com os convencionais apertos de mãos, vamos estudar o assunto, voltamos a conversar. De positivo, acabamos contratando o Mark Peroff como nosso advogado, e ele concluiu a proteção legal da marca e do *copyright* dos personagens Halley nos Estados Unidos.

Mas as pessoas podem ser muito espertas. Queríamos que o David Wood fosse nosso agente para os Estados Unidos e a Europa, mas, depois de vários drinques, reuniões e correspondências, ele nos enviou uma carta, que dizia mais ou menos assim, em março de 1983:

> "Para que o Projeto Halley tenha uma chance de sucesso será necessário esforço em tempo integral, dinheiro, profissionalismo e uma considerável porção de boa sorte. Teremos um custo mínimo de 150 mil dólares por ano em pessoal, viagens, comunicações, *overhead* (olha o dele aí, garantido), promoção etc. Como a operação não deverá gerar receitas antes de 1985, teremos um custo em torno de 250 mil dólares até lá. Proponho dividir os custos, meio a meio... Estarei no Japão até 21 de março e espero uma resposta de vocês no meu retorno."

Veja só: até aquele momento, só nós tínhamos investido no desenvolvimento da ideia e em sua proteção legal. Esse investimento continuaria sendo exclusivamente nosso. Ele propunha uma comissão de 35% sobre todas as receitas e queria que nós financiássemos a metade (seria mesmo a metade, ou o total?) dos seus custos, inclusive *overhead*. Fácil, não? Como já dizia o saudoso João Saldanha: "Brasileiros insistem que são malandros, mas foram os ingleses que inventaram a pirataria..."

A WARNER AVALIZA O PROJETO

O meu chefe na Souza Cruz era o Marçal Barcelos, que conhecera um cubano chamado Rafael de La Sierra. Ele era um dos vice-presidentes da Warner e cuidava do contrato com Pelé, que funcionava como relações-públicas do grupo no mundo inteiro, desde que foi jogar no time da casa, o Cosmos. O Marçal fez um telex ao Rafael, pedindo que ele me recebesse — tempos heroicos, antes do fax e do *e-mail*. Nova York, Rockefeller Center, Warner. A chave do cofre deveria estar lá. O Rafael nos recebeu muito bem, numa sala cheia de quadros com fotografias de Pelé. Estávamos em casa. Ele deu uma olhada no projeto, nos desenhos — já tínhamos duas histórias em quadrinhos prontas, ambas magníficas —, e disse:

— Vocês devem falar com Arnold Lewis, da nossa companhia de licenciamento, a Licensing Corporation of America.

Ligou para Mr. Lewis na mesma hora e marcou a reunião para o dia seguinte.

Voltamos com o coração na boca. Mesmo endereço, outro andar, na recepção os desenhos do Pernalonga e do Super-Homem, personagens que eles licenciavam no mundo inteiro.

Mr. Lewis era Vice-presidente sênior da companhia — um velhinho simpático à beça, daqueles que a gente vê em filmes do tipo *Cocoon*. Apesar de ter se referido a nós como "those two gentlemen from South America", ele elogiou muito o projeto e ficou impressionado com a qualidade das histórias. Chegou a mencionar que deveríamos ter gastado uma fortuna para desenvolver as ideias até aquele ponto. Mal sabia ele que o Azambuja (ilustrações) e o Luiz Aguiar (textos) tinham trabalhado com um adiantamento e um "*fee* de sucesso", o que não era caro naquele estágio.

Uma curiosidade: para cada página, nós havíamos preparado uma prancha de aproximadamente 50 x 60 cm, e um *slide* em cores de 35 mm. Quando lá chegamos, pedimos um projetor. Eles tiveram a maior dificuldade em encontrar um, que chegou todo empoeirado. Já haviam aposentado os projetores de *slides* há muito tempo — só trabalhavam com vídeo. De qualquer forma, os desenhos projetados em tela grande impressionaram muito. Mr. Lewis nos levou imediatamente à sala do superintendente da empresa, um cara não tão simpático, mas bastante profissional e objetivo. Ele sentenciou:

— O projeto é bom, mas, se não estiver na televisão, não valerá nada para efeito de licenciamento.

Nossa pergunta era óbvia.

— Então, por que vocês não produzem?

A resposta, entretanto, não era nada estimulante: isto teria que ser decidido pela Warner Productions, mas dificilmente ela iria topar, pois o grupo havia perdido recentemente muito dinheiro com a divisão Atari e não estava aberto a novos investimentos.

Ao término da reunião, um novo alento. Mr. Lewis já havia nos perguntado onde estávamos hospedados. Os americanos sempre fazem esta pergunta, para checar se o hotel é bom, se temos dinheiro. Como ficávamos sempre no Parker Méridien, causávamos muito boa impressão. Então ele perguntou se poderia nos telefonar, pois Mr. Joseph Grant, *chairman* da empresa, encontrava-se na Europa, mas o nosso assunto era muito importante e seria conveniente que ele nos conhecesse. Por acaso, ficaríamos em Nova York até a próxima semana? Mentimos em uníssono: "Claro!" Ele marcou a reunião para terça-feira. Ótimo! O hotel tinha uma piscina que era uma delícia...

AO SOL, QUE NINGUÉM É DE FERRO

Poucas pessoas na vida eu admirei tanto quanto o Luis Felipe Starace Tavares. Ele tinha "aqueles olhinhos brilhantes, que pareciam estar sempre pulando, de tão vivos" (ah, coitada!), um poder de sedução como poucos, um espírito absolutamente pragmático, que lhe dava um poder de decisão instantâneo, era leal sem ser pegajoso, honesto sem ser piegas e, acima de tudo, um grande jogador — um campeão de tênis, que ia em todas as bolas com a garra passional dos italianos. Por tudo isso ele tinha uma extraordinária facilidade de criar empatia com as pessoas desde o primeiro contato, ficar íntimo imediatamente. Por isso ele tinha tantos amigos e era tão bem recebido.

Ele tinha sido reserva do Edson Mandarino naquela famosa dupla que o Brasil mandou à Taça Davis: Thomas Koch e Edson Mandarino. Na véspera de um jogo importante, acho que na França, ele alugou um carro, colocou uma bela mulher dentro e se espatifou num muro. Tinha apenas 16 anos, não comia na hora de comer, não dormia na hora de dormir nem acordava na hora de acordar. Que atleta! Apesar disso, tinha derrotado o Pancho Gonzalez, na época o melhor jogador do mundo, num jogo-treino inacreditável em São Paulo.

Seu irmão, Juliano, nos piores momentos, dizia que ele era doido. Mas isso é uma outra história.

Nós fomos várias vezes ao exterior atrás desse bendito cometa. E fizemos poucas e boas. As minhas não posso contar, pois sou um homem de família, certo? De qualquer forma, as mais divertidas foram as dele.

Tudo começou num *single bar*, em Nova York. O lugar estava superlotado, do jeito que a gente tem dificuldade de pedir um drinque ao *barman*. Apesar disso, eu já estava pra lá de Bagdá quando divisei, na outra ponta do balcão, uma cara linda sorrindo pra mim. Analogicamente, fiquei a analisar se era pra mim mesmo. Enquanto a ficha não caía, o Ipe se arremeteu até a presa com a determinação de um renovado casanova. Era uma garota do interior, que tinha vindo para a cidade grande tentar a sorte como modelo. O vestido era todo cor-de-rosa e lembrava um embrulho de bombom. Ao seu lado, um primo *gay* que a estava hospedando, *looser* de cabo a rabo.

— Vamos todos ao Regine's — foi o grito de guerra do tenista, incentivado por sei lá quantos *dry martinis*. A boate estava na moda e era chique pra burro. Pois não é que o meu dileto amigo, aos gritos de *New York, New York*, que lançava ao DJ, caiu duas vezes no chão com a nossa modelo a tiracolo!? Na segunda, a luz apagou, desligaram o som e nos trouxeram a conta.

— We are closing, we are closing! — Na manhã seguinte, o *concierge* do Parker Méridien foi surpreendido com a seguinte pérola:

— *Can you provide a bikini?*

UM MAFIOSO MUITO DIVERTIDO

Em termos de Estados Unidos, nós tínhamos dois objetivos muito claros que, se atingidos, poderiam perpetuar a marca e os personagens Halley para muito além do evento. Primeiro, devíamos conseguir uma produtora de desenhos animados que produzisse a risco próprio; em segundo lugar, deveríamos conseguir um coprodutor e distribuidor para o longa-metragem de ação ao vivo que o Odorico Mendes, da Chroma Filmes, estava fazendo em São Paulo. Se essas duas produções acontecessem, bingo!, a Warner venderia o licenciamento em todo o mundo.

Eu me lembro de um contato particularmente interessante que tivemos. Havia um sujeito, que tinha sido presidente da Seagram's no Brasil, chamado Chris Cariollo. Ele tinha voltado para os States, era rico, e constava que financiava filmes.

Fomos nos encontrar com ele, pela primeira vez, no Palm Court, o restaurante do Plaza Hotel — lugar de milionários. Ele era um cara de uns cinquenta e poucos anos, grande, alto, impecavelmente vestido, e tinha reservado a mesa de forma que o seu lugar ficasse de costas para a parede. Dizia que só se sentava daquela maneira. Terno listrado, cravo na lapela, gravata de seda, cabelo engomado e um papo inteligente, espirituoso — uma figuraça! Ganhava a vida com uma rede de restaurantes ao redor de Nova York e com um depósito de bebidas no Panamá. Quem adivinhar a que organização ele pertencia ganha um ingresso para assistir *O poderoso chefão*.

Quando ouviu da nossa ideia, exclamou:

— There will be diamonds on your ankles.

Foi uma festa. Rimos à beça, ele pagou a conta, mas saímos de lá sem saber ao certo o que ele poderia fazer por nós. Só gravei uma frase dele, que tento seguir até hoje e raramente consigo. Quando perguntei se ele poderia se encontrar com a gente no dia seguinte, respondeu:

— My time is my time.

FIQUEI AMIGO DO CONCORRENTE

Um dia, o Peroff, nosso advogado em Nova York, foi procurado pelo presidente da Halley Optical Corporation, que fabricava um telescópio denominado Halleyscope. Com ele estava uma figura chamada Owen Ryan, da Owen Ryan and Associates, *"an imagination agency"*. Ele era um cara meio esquisito, que costumava repetir seguidas vezes nas reuniões: "I'm a creative person." Era mesmo. Criou um selo "oficial" do cometa de Halley e denominou o seu escritório como "representante oficial da volta do cometa de Halley". Pretendia aplicar aquele selo em produtos diversos, tais como o *kit* oficial do observador do cometa de Halley, com direito a camiseta, luneta, cadeira, boné e tudo mais, além de vários artigos para colecionadores. Era um projeto bem ao gosto do americano de classe média, e o Owen e seus sócios também sentiam que podiam ficar ricos com aquela jogada.

Só que ele esbarrou com os nossos registros no United States Patent and Trademark Office e foi aconselhado a procurar o nosso advogado para tentar um acordo. Na reunião que se seguiu, os advogados disseram:

— Se vocês não fizerem um acordo, quem vai ganhar dinheiro somos apenas nós. Esta questão não se resolverá antes da passagem do cometa.

E o Peroff emendava:

— Vocês são uma empresa brasileira, ainda não produziram nenhum artigo em território americano, vão acabar perdendo a marca para uma fábrica local, que produza antes de vocês. Dificilmente irão sensibilizar uma corte americana.

E eu me lembrava do meu advogado brasileiro dizendo que o direito anglo-saxão é bárbaro, permite que o grande tome do pequeno...

Fui visitar o escritório do Owen e fiquei impressionado com as informações que ele tinha a nosso respeito. Praticamente todas as notícias que saíram no Brasil sobre o nosso projeto estavam lá, na tela do computador, devidamente traduzidas. O Owen era um sujeito meio gênio, daqueles que se parecem com o Professor Pardal. E o papo dele era muito interessante.

Entretanto, de concreto mesmo, ele ficou de tentar a venda dos nossos desenhos animados a algumas empresas das suas relações, desde que a gente o deixasse seguir em paz — este era o acordo. Hesitamos um pouco. Afinal, tínhamos os registros e ele não. Não era assim tão fácil concordar em dividir. Objetivamente, porém, não adiantava brigar.

Concorrente ou não, eu tinha com o cara uma certa afinidade que a gente chama de "coisa de pele" e acabei ficando muito amigo dele, principalmente depois que ele resolveu vir ao Brasil, preocupado em conseguir o nosso compromisso de não tentar atrapalhar o seu projeto. Ele foi muito bem recebido por nós, mas, coitado, estranhou uma belíssima costela lá do Rodeio, em São Paulo, e teve uma tremenda diarreia. No Rio, com toda a sua ascendência irlandesa, tomou um porre de cachaça de dar dó. Apesar disso, gostou muito da viagem. Nas vezes em que voltei a Nova York, não me deixou pagar nem um refrigerante.

Agora, imagine você, um sujeito ter criado uma empresa que se chamava General Comet Industries, Inc. e se autodenominava "The Official Representative of Halley's Comet", num país onde o cometa não foi visto nem através de lunetas, e onde o seu projeto de *marketing* era baseado exclusivamente no evento — não havia personagens, ficção, nada mais.

Em 1987 eu encontrei o Owen em Nova York, e ele tinha aquele ar de *yuppie* bem-sucedido. Como seria possível? Ele contou: estava absolutamente quebrado, contando os dias de "ir pra cadeia", quando resolveu lançar uma revista em edição única, comemorativa da passagem do cometa. Endividou-se um pouco mais e fez um produto primoroso, conseguindo o prestígio publicitário exclusivo da RCA, que entrou com 14 páginas de anúncios. Vendeu 150.000 exemplares, a três dólares cada, e se salvou espetacularmente.

Grande sujeito, o Owen Ryan.

UMA LOURA ESPECIALÍSSIMA

As emoções se multiplicavam. Eram mais ou menos dez da noite quando o *concierge*, que já era íntimo nosso, me ligou no apartamento pedindo que eu descesse ao *lobby*.

— Depressa, por favor.

Encontrei nada mais, nada menos, do que o meu dileto amigo Ipe tentando ficar sentado em cima do piano de cauda, para cantar melhor a pianista. — Ipe, sai daí. Ipe, vamos dormir.

Depois de bastante insistência ele foi.

Na manhã seguinte, fazia um frio de rachar, eu tentava convencer o Ipe a sair da cama quando o telefone tocou. Era uma *socialite* carioca, que estava em Nova York tratando dos preparativos para mais uma das suas badaladas festas, patrocinadas pela prefeitura local. Ela soube que o Ipe estava na cidade e queria encontrá-lo. Marcaram à noite, na casa de uma amiga dela, uma suíça meio solitária. Saímos para jantar, e se uniram ao nosso grupo um pecuarista rico do Triângulo Mineiro e a tal loura, charmosíssima, que costumava ajudar na preparação das festas. Tinha cabelos longos e muito bem penteados, chamava uma atenção dos diabos.

O Ipe endoideceu: paixão irresistível à primeira vista. No dia seguinte, voltamos a nos encontrar para o almoço, num bistrô muito charmoso da Park Avenue, ali pela altura da rua 63. Era o mesmo grupo, mais uma figura importantíssima — um industrial riquíssimo, muito amigo do Luis, que chegara a Nova York naquela manhã com o seu assessor financeiro e ligara para ele imediatamente.

Tudo que podia ser inusitado acontecia naquelas nossas viagens. Pelo menos para mim. Almoçamos muito bem, rimos à beça e, depois do *cappuccino*, veio a conta. Não sei bem por quê, mas toda vez que um sujeito muito rico está à mesa, a turma fica achando que ele vai pagar. Os garçons também têm um certo faro, e o industrial recebeu a conta, mas repartiu a despesa de forma curiosa: dividiu pelo número de pessoas, cobrou a mim e ao pecuarista a nossa parte e pagou o restante. Na saída do restaurante, enfiou 50 dólares no meu bolso e disse, baixinho: "Eu só não queria pagar a dele." Era um dos homens mais ricos do país.

À noite, saímos outra vez para jantar, todo mundo junto. O Ipe já não se aguentava mais. Passou a seguir a loura que nem um cachorro faminto. Ela não tinha como resistir. O certo é que, no dia de vir embora, ele pegou um táxi, passou no local onde ela estava hospedada e convenceu-a a fazer as malas e vir junto. Fomos todos diretos para o Club Méditerranée de Itaparica, onde a Koch Tavares promovia o Sul America Open. O Luis era um louco (?). A esposa dele estava lá. Ele hospedou a loura na casa do Chef du Village, um *gay* mais do que assumido, e de vez em quando ia lá matar as saudades da namorada. Numa dessas, voltou com o calção seco e o cabelo molhado. A esposa, que já estava desconfiada, flagrou o nosso irresistível tenista atravessando de volta uma daquelas pontezinhas do Clube, e foi um escândalo só. Quase o jogou lá embaixo.

Tempos depois o Ipe acabou se separando definitivamente da primeira mulher para ficar com a sua nova paixão.

PONTAPÉ NOS COLHÕES

Um dia, o Ipe me ligou na Souza Cruz:

— Marcelo, você precisa pegar este projeto *full time*. O tempo está passando, e nós não podemos perder a oportunidade.

— Você me adianta o que eu ganho na Souza Cruz?

— Quanto é?

— Sete dinheiros e meio.

— Tudo isso? Manera aí.

— Mas eu não estou folgado com esse salário.

— Ok. Tá fechado.

— Começo em primeiro de janeiro.

Já imaginou deixar para trás 12 anos de carreira numa das melhores empregadoras do país? Quando fizemos a homologação no Ministério do Trabalho, quem fez o cheque fui eu. Estava devendo parte do financiamento de uma casa própria que a companhia tinha concedido e, como pedira demissão, minha conta ficou no vermelho. O sujeito do sindicato não acreditava...

Mas os acontecimentos forçavam a situação. Tinha surgido uma pequena empresa da Califórnia, de nome Mill-Valley, que demonstrara interesse pelo nosso projeto Halley. Era uma produtora de desenhos animados que trabalhava exclusivamente para a Hanna-Barbera. Tinha estúdios em São Francisco e na Coreia, onde a mão de obra era mais barata e trabalhavam mais de 70 desenhistas. A Mill-Valley via com bons olhos a oportunidade de se agarrar à cauda do cometa para lançar a sua primeira produção assinada no mercado internacional.

Ciente daquele interesse, o Sr. Grant, da Warner, assinou uma carta de intenções, com logotipo em relevo. Precisava mais?

Só mesmo uma convocação da Mill-Valley. E ela chegou. O dono da empresa, Jerry Smith, queria que nós fôssemos a São Francisco, pois ele iria produzir a nossa série animada. Haveria uma feira de programas de televisão na Califórnia em janeiro, e ele queria montar ali um estande. Precisávamos desenvolver as sinopses de 13 episódios para televisão, além do maior volume possível de ilustrações, para compor uma fita *demo* que ele pretendia produzir em prazo recorde.

Lá chegando, o Jerry Smith nos mostrou a empresa, as suas produções para a Hanna-Barbera, o esquema que tinha na Coreia, e ratificou o interesse em fechar negócio conosco. Elogiou muito o material de criação que levamos e pediu que viajássemos até Nashville, onde ficava a Cascom, uma empresa de produção de efeitos especiais que pertencia ao seu irmão Wayne, que era também seu sócio. Além de tudo, o Jerry era sócio de George Luccas num carro de corrida, que os dois usavam para se divertir nos fins de semana. É mole?

De volta a Nova York, tínhamos uma reunião com o Peroff, o Jerry Smith e o Joseph Grant na sede da Warner. O Peroff atestou sobre a proteção legal do projeto, Jerry disse que produziria a série e o Joe disse que iniciaria o trabalho de licenciamento assim que lhe déssemos a notícia de quando a série iria ao ar. Céu de brigadeiro!

Voltamos ao Parker Méridien, almoçamos com o Jerry, e ele nos passou uma cópia do cronograma que havia preparado para a produção, no qual previa que o primeiro episódio ficaria pronto em 24 de abril de 1985, para início de comercialização no MIP-TV, um festival de venda de programas de televisão realizado anualmente em Cannes. O cronograma era superdetalhado, tinha "take one in Korea" e tudo mais. Ele estimava o custo total de produção em 1,6 m milhão de dólares. Dizia que esperava entrar no ar em meados de novembro de 1985, mas que deveria obter os financiamentos necessários bem antes. Só haveria necessidade de bancar um investimento de 125 mil dólares, que ele queria dividir conosco meio a meio.

Gelamos. O negócio não estava previsto naqueles termos, e nós não tínhamos os 62.500 dólares para bancar o investimento junto com o Jerry. Naquele momento, pela primeira vez, fraquejamos. Deveríamos ter dito ok e saído para formar um grupo de investidores no Brasil. Não era tanto dinheiro assim. Moral da história: ficou um sinal de fraqueza no ar.

Mesmo assim, mais tarde, no nosso quarto de hotel, enquanto fazíamos as malas para viajar à noite de volta para casa, e o Jerry fazia hora para também ir para o aeroporto, ele encomendou à copa um champanhe e brindou ao nosso negócio. Era 22 de dezembro de 1984. Apertamos as mãos e ficamos de nos encontrar no Brasil logo no princípio de janeiro. Seu cronograma previa que assinássemos o contrato até 10 de janeiro de 1985.

Naquele dia, ainda nos encontramos novamente com o Peroff. O que ele disse foi significativo.

— Quem poderia imaginar que "those two characters from South America" pudessem chegar aqui e realizar um negócio desses?

Pegamos, mais uma vez, a classe turística superlotada, mas estávamos felizes da vida, como se tivéssemos um bilhete premiado no bolso. Nos dias seguintes, o Jerry não deu notícias. Liguei para ele no dia 31 de dezembro, às onze horas da noite. Ele me disse que tinha contratado um homem de *marketing* chamado Ron Knight para iniciar os contatos de distribuição da nossa série animada e que, naquele momento (seis da tarde em São Francisco), estava se dirigindo à agência de viagens para marcar a passagem. Pretendia vir no dia seguinte. Ele detestava feriados!

Liguei em seguida para o Luis Felipe, que estava com a família no Guarujá, e corri para a festa de *réveillon* do meu condomínio. Aquela noite foi, com certeza, uma das melhores de toda a nossa vida.

No dia 2 de janeiro de 1985, quando cheguei a São Paulo e entrei na minha nova sala, na Koch Tavares, o Ipe, absolutamente abatido, me entregou um telex:

"Devido à falta de tempo e outros problemas urgentes, não poderemos realizar o Projeto Halley. Assinado: Jerry Smith — Mill-Valley Animation."

Foi um pontapé nos colhões. Com botina e tudo. Até hoje não soubemos direito o que fez mudar a cabeça do Jerry. Pode ter sido a nossa indecisão quanto ao dinheiro. Pode ter sido alguma briga com o irmão ou, talvez, algum problema financeiro que desconhecíamos. Dois ou três anos depois, soubemos que a Mill-Valley não existia mais.

A GLOBO ENTRA NA JOGADA

Se existe um ingrediente importante para a realização de um projeto, este é a perseverança. O outro é a colaboração externa. Ideias, para serem realizadas, precisam de bons parceiros que se interessem por elas. Meu método é simples: eu vou, apresento, ouço as restrições, corrijo, aprimoro, junto outros interesses, consigo mais valor, volto a apresentar.

Com o Projeto Halley isso aconteceu várias vezes. A Hering inicialmente recusou, depois voltou atrás e vendeu 1,5 milhão de camisetas. A Editora Abril viu o projeto pela primeira vez em 1980, reviu outras vezes e, pelas mais variadas razões, recusou. Mas reconsiderou em 1985, lançou as revistas em quadrinhos e o Guia do Halley.

Na Globo, também vivemos uma novela semelhante. Tínhamos procurado o Boni, que nos recebeu com o Roberto Irineu Marinho. Queríamos que a Globo adotasse o *design* da nossa marca no seu vídeo e lançasse os personagens num programa de produção local, tal como o *Sítio do Pica-Pau Amarelo*. O Boni respondeu que não era viável. O universo dos nossos personagens exigia muitos efeitos especiais, que, naquela época, ele não tinha condições de realizar na emissora.

Em 1985, ainda não tínhamos conseguido produzir o filme nem os desenhos animados no exterior, mas o evento estava mais próximo, as notícias se avolumavam, e voltamos à carga. O Luis Felipe tinha um amigo que praticava hipismo e se dava bem com a família do Dr. Roberto Marinho. Ele me levou para falar com o João Roberto, que dirigia o jornal *O Globo* junto com o pai, e já começara a atuar também na TV. O João Roberto, que é um dos sujeitos mais bem-educados que já conheci, nos recebeu com toda a cortesia, achou a ideia genial e se interessou pelo negócio.

Dias depois eu recebi uma ligação de sua secretária. Eu devia procurar o Boni, que já estava avisado. Fomos lá de novo, eu e o Luis Felipe. Fizemos uma nova apresentação do desenvolvimento do projeto e, dessa vez, o Boni foi mais receptivo: disse que poderia estudar a produção de alguns programas jornalísticos e infantis. Era um belo começo, e nós precisávamos como nunca daquele apoio da Globo para deslanchar o projeto no Brasil. Já tínhamos assinado alguns contratos, mas eram poucos. Muitos *prospects* ainda estavam indecisos.

Foi então que o João Roberto ligou novamente e me pediu para procurar o Jorge Adib, diretor da Apoio, que era a empresa do grupo encarregada do *merchandising* nas novelas. O Jorge Adib, naquela época, era também quem comprava os filmes que a Globo exibia e seria o homem encarregado de negociar o Projeto Halley conosco.

Eu já havia feito uma proposta por escrito ao João Roberto, na qual eu oferecia 10% de tudo que viesse a faturar, caso a Globo promovesse a nossa marca e os nossos personagens. Mas o Jorge Adib era um negociador implacável. Para se ter uma ideia, naquela mesma época eu fui procurado por um espanhol chamado Carlos Garcés, do Grupo Tele-Mundi, que detinha os direitos dos símbolos oficiais da Copa do Mundo de Futebol que ia se realizar em 1986. Para nos dar a representação exclusiva, ele queria 240 mil dólares fixos e adiantados. Claro que não fechamos. Fui encontrar o Carlos Garcés outra vez quando aguardava o Jorge Adib para a nossa reunião. O pobre coitado do espanhol saiu da sala dele cabisbaixo e nem me viu. Tinha acontecido uma verdadeira reversão nas suas expectativas: o Jorge Adib cobrou 50% de tudo que ele viesse a faturar para usar os seus símbolos oficiais no vídeo.

Pois bem, o Jorge Adib abriu a reunião da seguinte maneira:

— Marcelo, você é o maior cara de pau que já passou por aqui. Nunca, em tempo algum, um sujeito teve coragem de oferecer dez por cento à Globo!

Respondi de bate-pronto.

— Mas eu podia estar cobrando, em vez oferecer. — O Dr. Jorge continuou a conversa com a agressividade que lhe era peculiar e, também, que a sua posição lhe conferia. Ele estava muito ciente do poder que possuía. Apesar disso, era um sujeito simpático. Acima de tudo, inteligente e sagaz. Fechamos em 30% para os contratos novos e 10% para os que eu já tinha assinado.

Eu tinha sido iluminado no dia em que escrevi aquela carta ao João Roberto — talvez pudesse ser também pelo meu caráter ciumento —, propondo apenas 10%. Se ela não existisse, firmando uma posição, o Jorge Adib não me deixaria sair daquela sala por menos de 50% em tudo.

Aos números nós chegamos rapidamente. Mas aos detalhes do contrato foi um deus nos acuda. O Boni havia feito um memorando para a Apoio, dizendo quais programas estava disposto a produzir: um especial musical; produção de *merchandising* pela Apoio sobre o evento do cometa de Halley, para veiculação em novelas e outros programas; introdução do personagem Halleyfante no programa *Balão Mágico*; produção de um programa chamado *Halley minuto*, informativo sobre astronomia, com utilização do logotipo Halley, para exibição duas vezes ao dia; e produção de um quadro informativo de cinco minutos sobre o cometa, para exibição no *Fantástico*. Além disso, a Som Livre produziria um LP, no qual se basearia o musical, e o jornal *O Globo* passaria a publicar as nossas tiras em quadrinhos. O Sistema Globo de Rádio teria prioridade para produzir o programa *Halley minuto*.

Para se chegar a uma forma contratual que traduzisse o que contei acima, gastamos diversas reuniões e tivemos que esperar várias minutas de contrato preparadas pelo jurídico da Globo. No fim, na ânsia de fechar, acabei concordando em absorver despesas que eu imaginava de responsabilidade da Globo. Produzir o robô Halleyfante para o *Balão Mágico*, por exemplo. Na hora H, o Newton Travesso, que era o diretor do programa, alegou que não tinha orçamento, e eu fui obrigado a pagar pela produção do animal. Pior que isso era a minha inexperiência em lidar com fornecedores desse tipo de coisa. Passei por três diferentes, até encontrar um que fizesse um robô que funcionasse. Mas, ainda assim, era uma coisa tupiniquim, de último mundo. Para comandar seus movimentos e falar era preciso que o Ferrugem, aquele ator que tinha problemas de crescimento, ficasse dentro dele.

A notícia do contrato, porém, era mais importante do que ele mesmo e caiu no mercado como uma luva. Em vinte dias,

15 novos licenciados aderiram ao projeto. A força da Rede Globo era insofismável.

Os problemas que aconteceram falaram muito mais à minha emoção do que qualquer outra coisa. Por exemplo, quando o especial musical foi ao ar, ninguém gostou. Tinha grandes impropriedades em relação à nossa criação original, mas isto ninguém notou, pois as revistas em quadrinhos ainda não haviam sido lançadas e as pessoas ainda não conheciam a temática. O pior foi a forma. No dia seguinte, os jornais meteram o pau. *O Estado de S. Paulo* foi o mais agressivo: deu uma página inteira de críticas. Foi uma pena. Nem tanto pelo programa, que foi exibido uma só vez e do qual as pessoas se esqueceram. Mas porque, não tendo feito sucesso, não serviu para alavancar as músicas do disco *A era dos Halley*, da Som Livre. Eu tinha me entusiasmado muito com aquele disco, que teve a produção musical do competente Guto Graça Melo e uma faixa, a música tema dos Halley, composta pelo maestro Aécio Flávio, meu amigo desde os tempos de Belo Horizonte. Eu tinha muita afinidade com o Aécio e curti muito as suas composições para os meus personagens. Uma delas, que não entrou no disco, porque era muito romântica para um produto infantil, era a melhor de todas — ele a fez para Halleyxandra. Sempre que eu ia a algum lugar onde ele estava tocando, o tema da Xandra era relembrado e realmente emocionava.

Perdi muito sono com aquele contrato da Globo. Mas valeu a pena, e 30% foram até baratos. No fim do Projeto Halley, tínhamos 53 contratos assinados no Brasil e mais de 200 produtos diferentes lançados, vários deles com ótimas vendas. Antes da Globo, tínhamos cinco contratos. Acho que, se ficássemos sem ela, talvez não passássemos de dez.

"GUERRA NAS ESTRELAS" MADE IN BRAZIL

1985 começava em clima de fim de festa graças à desistência da Mill-Valley. Mas o nosso lema era não desistir. Afinal, eu agora estava fora da Souza Cruz, tinha tempo integral para me dedicar ao projeto e, mesmo que não o realizássemos nos Estados Unidos, tínhamos alguns bons contratos já assinados no Brasil e um bom potencial para explorar aqui.

Ademais, quando dissemos ao Odorico, da Chroma Filmes, que a Mill-Valley estava fora do negócio, parece que ele ficou ainda mais animado em tocar o seu próprio projeto de longametragem, com ação e efeitos especiais. Apoiei firmemente. Naquele momento, era a única chance que ainda tínhamos para o mercado exterior.

O Odorico trabalhou duro na construção dos cenários e investiu um bom dinheiro. Nunca saberemos exatamente quanto, pois, em cada reunião, ele dizia um número diferente. Mas calculo que, no fim, foi algo em torno de uns 300 mil dólares.

O *Jornal Nacional* fez uma reportagem ambientada nos cenários e nos entrevistou. Marília Gabriela me chamou para uma entrevista no programa dela. Me lembro da cara do

Faustão, atrás das cortinas, como quem diz: "Puxa, que jogada!" Produziram um *Globo Repórter* exclusivo do cometa, com dois segmentos sobre o nosso projeto. Aliás, era impressionante o volume de matérias que conseguíamos gerar na imprensa sem qualquer assessoria especializada. E o curioso é que nunca me pediram para ver os documentos de registro da marca — o projeto era simpático aos jornalistas, todos acreditavam. A revista *Veja* estampou "Golpe de Mestre". Afinal, o Brasil estava, de certa forma, passando a perna no resto do mundo com a maior inteligência, o cometa Halley era de nossa propriedade!

O empreendimento era realmente grande, bonito, quase uma centena de operários trabalhavam freneticamente só na construção dos cenários. O Brasil estava produzindo um longa-metragem de ficção científica, falado em inglês, com alguns atores americanos e efeitos especiais, para exportação. Era uma aventura real, amparada por uma situação legal única.

Mas a comercialização do filme estava caminhando para um outro lado. Quando a Mill-Valley deu para trás, o Ipe, inconformado, resolveu chamar ao Brasil o tal cara que o Jerry Smith tinha dito que viria com ele e cuidaria do *marketing* do projeto. O Ron Knight chegou aqui e nos apresentou um orçamento de 70 mil dólares. Os cálculos eram detalhados e muito lógicos. Ele iria produzir e remeter 2.500 malas diretas a produtores e distribuidores, deveria inserir anúncios em revistas como *Advertising Age*, *TV Radio Age* e *Broadcasting*, deveria providenciar nossa ida a Cannes, com espaço reservado no MIP-TV, um festival de filmes para televisão que iria se realizar em abril. Depois de uma certa relutância do Odorico, que achava que podia fazer tudo sozinho, concordamos em dividir as despesas do Ron Knight meio a meio. E ele trabalhou feito um mouro.

O Odorico já tinha construído cenários e discutido roteiros até a exaustão, mas só havia conseguido filmar dois minutos, relativos a um teste de atores em luta com seres de um planeta hostil. Colocou essas cenas numa fita *demo* da sua empresa, onde juntava comerciais com a utilização de efeitos especiais modernos (*laser, computer graphics* etc.) e fomos todos para Cannes, eu, ele e o Luis Felipe, onde nos encontramos com o Ron Knight. Dessa vez, pelo menos, conseguimos um *up-grade* na Alitalia e viajamos de classe executiva.

No MIP-TV, como não tínhamos feito a tempo a reserva de um estande, tivemos que alugar uma sala de projeção, num determinado horário, para exibir a nossa *demo* a alguns convidados. Fomos também a todos os estandes importantes dos outros e falamos do nosso projeto. Alguns contatos foram até muito promissores. Pelo menos dois grandes distribuidores, a Orion Pictures e a Lorimar elogiaram muito a ideia e a *demo*. Mas a opinião unânime de todos os que nos ouviram era de que apenas dois minutos eram insuficientes para avaliar a capacidade do produtor. Se quiséssemos conquistar algum parceiro, teríamos que mostrar, no mínimo, 30 minutos bem produzidos.

E agora, José? E agora, Odorico? Estávamos em abril. O evento do cometa Halley, no hemisfério norte, estava previsto para começar em outubro. Teríamos pelo menos o episódio de estreia? Voltamos para o Brasil do mesmo jeito que saímos. E o Odorico continuava construindo cenários maravilhosos, como se pretendesse ganhar o Prêmio Nobel da Marcenaria, mas filmar que era bom, nada.

Antes de embarcarmos para o Brasil, no entanto, uma curiosidade. Viajamos de Nice a Roma, onde ficaríamos uns dias. Como não tínhamos a nossa *demo* completa, usávamos um *storyboard* de um episódio de TV, em pranchas fotográficas encadernadas, intitulado *The Great Prophecy*. Sobrou muito material, e ficamos de enviar uma mala cheia para o Ron Knight, na Califórnia. Pegamos, então, um táxi no aeroporto de Roma e pedimos que nos levasse até o setor de despachos. No caminho, o motorista deu a dica:

— Existe um pedal, ao lado da balança, que reduz o peso.

— Botei o pé no pedal, como mandava a boa regra, e obtive o desconto. Na hora de preencher o formulário, declaramos o conteúdo corretamente. O funcionário, então, mandou fazer tudo de novo, pois, mudando a declaração do conteúdo, reduziríamos a tarifa. Doce Itália. Por um momento, achei que já tivesse chegado ao Rio.

Quando voltamos de Cannes, sem confiar muito na capacidade do Odorico em produzir aqueles imprescindíveis 30 minutos, confesso que estava um pouco desanimado. Mas o nosso representante Ron Knight continuava incansável na Califórnia. Enviava malas diretas e telefonava sem parar. Até que concluiu uma negociação com a Marvel Productions, na pessoa de sua presidente, Mrs. Margaret Loesch, e nos enviou um contrato de opção. Resumidamente, dizia o seguinte: a Marvel iria produzir uma série de *cartoons* para televisão com os nossos personagens, desde que, nos seis meses seguintes, conseguisse vender ou financiar esta produção, através do interesse de uma rede de televisão.

Sabíamos que ela já estava conversando com a NBC, o que refazia muitos sonhos.

UMA ATITUDE "STARACIANA"

O lado italiano do Ipe (Starace) vem de Nápoles. Pois bem, quando fomos para o MIP-TV, em Cannes, fizemos uma escala em Roma. A tarifa que compramos era ponto a ponto, de forma que havia um período mínimo a ser cumprido entre a ida e a volta. Não precisávamos de todo aquele tempo na França, e resolvemos passar uns dias em Roma.

Quando desembarcamos, o primo napolitano Carlo Starace nos esperava, com uma dedicação bem típica do pessoal da terra. Nosso voo sofrera um atraso de sete horas. Ele havia saído de Nápoles, com um dos irmãos, só para nos receber. Enfrentou toda aquela espera e nos abriu os braços com um entusiasmo ímpar.

Os dois irmãos vestiam terno jaquetão listrado, gravata e lenço de seda, tinham cravo na lapela e cabelo engomado. Pareciam recém-saídos da tela do cinema. O Carlo era representante da etiqueta Giorgio Armani para o sul da Itália, o irmão dele não me lembro mais, mas é certo que não era empregado em nenhum lugar. Estavam numa bela Mercedes cor de vinho, modelo *station wagon*, e nos remeteram para um restaurante à beira-mar a 180 km/h. O Carlo, guiando àquela velocidade, *parlava, parlava,* inclusive com as mãos, olhava para trás, quando me dirigia a palavra — uma loucura.

Chegando ao restaurante, o Starace nos levou até a cozinha (era íntimo de todos os cozinheiros) para vermos a qualidade dos frutos do mar que comeríamos. Estava tudo realmente uma delícia. Depois, nos levou até o hotel e nos apanhou mais tarde para jantar. Dessa vez o irmão dele não apareceu. Em seu lugar, veio um amigo dos tempos de infância, que estava morando em Roma havia muito tempo e a conhecia muito bem. Depois do jantar, fizeram um *tour* conosco pelos principais pontos turísticos da cidade, até as quatro horas da manhã. Simpaticíssimos, todos os dois.

Mas o melhor ainda estava por vir. Fomos a Cannes, via Nice, onde nos encontramos com o Odorico e o Ron Knight para tentar vender o nosso filme. Íamos passar por Roma, novamente, na volta, e o Carlo queria se reencontrar com o Luis Felipe. Acontece que estava para chegar à Europa aquela nossa famosa loura. O Ipe, padecendo com uma tremenda pedra nos rins, ligou de Cannes para o Starace, que queria porque queria que fôssemos a Nápoles conhecer *tutta la famiglia.* Conversaram longamente:

— Você sabe como é, Carlo, eu tenho uma amante que está para chegar à Europa, e combinamos de nos encontrar em Roma. Não posso levá-la para conhecer a família. Todos sabem que sou casado...

— Por que não? Essa é uma atitude tipicamente staraciana. Todas as nossas mulheres estão acostumadas com as nossas amantes. Afinal, somos homens de negócios, viajamos muito, é natural. Venha com a sua *fianzata.* Como é mesmo o nome dela?

— Maria.

— *Meria*, que lindo! Venha com ela. Faço questão.

Quando o trem estava chegando na estação, em Nápoles, o Starace, com mais um dos seus impecáveis jaquetões listrados, cravo na lapela e tudo o mais, já se agitava à nossa procura, olhando de janela em janela. Ao seu lado, a filha de 15 anos, com uma *corbeille* de flores para a prima "Meria".

O hotel estava reservado, e o Carlo fez questão de subir até o quarto para checar se a cama era *king size*, como ele havia encomendado. Todo mundo bem acomodado, fomos jantar num magnífico restaurante no alto de uma colina, com vista para a baía de Nápoles, "la piu bella del mondo", segundo eles.

A família toda estava lá. *O cappo* na cabeceira, os primos, as primas, todos os homens com os cabelos engomados e gravatas de seda, as mulheres com vestidos onde predominava o preto, colares de pérolas, penteados impecáveis e algum buço. Era uma cena como todos já vimos. Coppola nos mostrou muito bem.

A "Meria", coitada, me cutucava de lado e dizia estar morta de vergonha. Eu, então, lhe servia um pouco mais de vinho e recomendava:

— Vai passar, bebe mais um pouquinho.

Eu nunca vi uma recepção como aquela em toda a minha vida. Durante todo o tempo que estivemos com os Starace, não nos deixaram enfiar a mão no bolso uma única vez. Fomos a uma boate ver um *show* de samba, caminhamos pelas ruas de Nápoles para conhecer o comércio e o modo de vida daquele povo, fomos aos melhores restaurantes, e o Carlo nos acompanhava todo o tempo, com uma dedicação e um bom humor admiráveis.

Todo ano ele ainda envia um cartão de Natal, onde aparece numa foto com o sócio, entre serpentinas e *champagne*, brindando o ano-novo. Continua de jaquetão listrado.

O JANOTA

Uma determinada figura tinha grande interesse em desenvolver projetos promocionais sob o guarda-chuva do Halley no Brasil. Ele marcou uma reunião com o João Roberto Marinho nos escritórios da TV Globo, no Rio, para conseguir a sua adesão a um desses eventos, chamado São Paulo Halley Festival. Essa foi uma passagem curiosa. Nós nos encontramos na antessala do João. E eu fui como sempre fora, de camisa esporte. Durante todo o tempo em que trabalhei para mim mesmo, só usei gravata no exterior, pela única razão de que, em Nova York, por exemplo, se não estiver de gravata, o indivíduo não pode entrar na maioria dos bons restaurantes. Mas no Brasil, principalmente no calor do Rio de Janeiro, usar terno não faz o menor sentido. Naquela época, com a perspectiva de me tornar milionário, aí é que eu não usava mesmo. Mas o janota não gostou. Ainda na recepção, enquanto esperávamos o João Roberto, ele perguntou se eu não tinha um terno em casa. Respondi que não precisava. Que eu tinha registrado o cometa e assinado com a Globo de camisa esporte. Mas ele continuou achando que eu não estava vestido adequadamente para acompanhá-lo numa reunião com um dos herdeiros daquela organização. Era muito importante o Fulano de Tal.

Rusgas à parte, nossa reunião foi muito bem-sucedida. Logo depois, o Boni foi a São Paulo e acertou com o Newton Travesso, que dirigia a emissora localmente, que o Halley Festival seria um Festival Latino-americano da Canção. A Globo deveria ter uma participação importante na realização do evento, e todos nós esperávamos conseguir bons patrocínios e lucros. O que ninguém esperava é que o Fernando Henrique Cardoso resolvesse se sentar na cadeira de prefeito antes da hora e perdesse a eleição para o Jânio Quadros. Quando o Jânio assumiu, ficamos sem o apoio da prefeitura e sem o terreno para o nosso festival.

MÁXIMO E PEDRO, DOIS SENHORES DE AMARGAR

No Brasil, mesmo com as indefinições sobre TV e cinema, nosso projeto corria a pleno vapor em 1985. Os primeiros licenciados já estavam em fase de pré-lançamento dos produtos Halley. À procura de outros licenciados, eu e o Luis Felipe fazíamos quatro, às vezes cinco, reuniões por dia. Eu passava três ou quatro dias por semana em São Paulo, onde se concentrava a maioria dos nossos *prospects*. No Rio, fazia outros contatos e supervisionava a criação das histórias e dos *layouts* dos produtos Halley que iríamos lançar.

Além disso, tínhamos representantes não exclusivos. O Rafael Santiago, no Rio, fechou bons contratos com a Cofaban (pastas, mochilas e merendeiras), Alfredo Buchein (inúmeros artigos de plástico, vendidos na Mesbla e nas Lojas Americanas) e com a Rede Nacional de Shopping Centers (promoções). Em São Paulo, tínhamos o Alfredo Rosa Borges, que fechou com a Melhoramentos (cadernos), D.F. Vasconcelos (lunetas), Chocolates Pan (promoções), além de ter assumido e apaziguado uma antiga pendência que tínhamos com um outro representante, que envolvia os contratos da Hering (malhas) e da Santista (lençóis e toalhas). E havia também duas moças supersimpáticas e competentes, que eram sócias e fecharam uma série de contratos com fabricantes menores, porém importantes, como Acessórios Modernos (bijuterias).

Mas claro que existem aqueles indivíduos que só vêm ao mundo para atrapalhar. Uma espécie de missão. Pois bem, quando eu fiz o depósito da marca Halley no INPI, na classe 25 (vestuário), apareceu na pesquisa uma similaridade com outra marca, referente a *jeans*. O advogado tinha dito que valia a pena correr o risco, pois a situação, embora problemática, era defensável. Afinal, a fonia das duas marcas era muito parecida, mas a marca Halley estaria identificada com um evento muito grande, do conhecimento de todos, o que lhe daria um caráter único. Entretanto, era certo que o INPI iria indeferir o processo num primeiro momento, e teríamos de defender.

Sabendo disso, na Fenit de 1984, procurei o dono do *jeans*, um tal de Máximo. Ele custou a me atender e o fez com muita má vontade. Fingindo não me incomodar com aquela antipatia, expliquei a ele em que consistia o nosso projeto e propus que ele não obstasse à utilização da marca na classe de vestuário, exceto para *jeans*, que era o único produto que ele fabricava. Em contrapartida eu lhe cederia, sem qualquer ônus, todos os personagens para utilização em *jeans* e na sua comunicação. Ele fez uma cara de poucos amigos, considerou a proposta indecorosa e encerrou a conversa.

Foi então que surgiu no cenário o advogado dele, o Dr. Pedro, que era um sujeito de muita projeção nessa área de marcas e patentes. Estava bem assistido o rapazinho. Nosso advogado, o meu cunhado Carlos Henrique Magalhães Marques, esteve no escritório dele e voltou com a pior das impressões. O cara não era nada educado.

A primeira ação daquela dupla dinâmica foi conseguir com um juiz de um lugar distante — Santana — um mandato de busca e apreensão da coleção Halley, que a Hering estava lançando na Fenit. Imagine. Era a nossa primeira coleção, apreendida por um oficial de justiça dentro da maior feira de moda do país. E no sábado, para que não houvesse reação imediata. Na segunda-feira, matéria de capa na *Gazeta Mercantil*. Era tudo que eles queriam. Nós tínhamos vários outros contratos na área de vestuário, às vésperas de serem assinados. Mais que isso, e eles não sabiam, estávamos também para assinar com a TV Globo, o que deveria mudar para melhor, radicalmente, todo o projeto. E tudo isso corria o risco de vir por terra com aquele escândalo.

Mas, como diz o ditado: "Deus é justo e verdadeiro." O pessoal da Globo não mencionou a *Gazeta Mercantil* daquele dia e, quando liguei para a Hering, pensando que o contrato ia ser cancelado, eles disseram simplesmente:

— A coleção está vendendo muito bem, e nós não vamos parar. Essas questões jurídicas são um problema de vocês.

Vai daí, apareceram em nosso escritório, na Koch Tavares, em São Paulo, para uma reunião de fim de tarde, os dois personagens acompanhados dos diretores da área financeira e de não sei mais quê lá da empresa de *jeans*. A proposta deles era um primor: queriam 50% de todas as receitas do projeto, em todas as classes de produtos, como condição para retirarem todas as oposições que haviam feito contra nós no INPI. Aquela maravilha de pessoa que era o Dr. Pedro havia pedido revisão administrativa de todos os nossos processos naquele órgão. Por causa disso, iríamos perder, mais tarde, um contrato com a Nestlé, que desejava lançar sorvetes Halley no verão de 1986. Só que a política daquela companhia exigia a documentação da marca absolutamente completa até agosto de 1985. A revisão que o maldito rábula pediu atrasou o processo em seis meses e não pudemos cumprir as exigências da Nestlé.

Foi então que protagonizamos uma ação, no mínimo, insólita. Já havíamos perdido em duas instâncias no Rio de Janeiro. Só restava Brasília. O Carlos Henrique orientou que procurássemos pessoalmente cada um dos juízes do STR, e que contássemos a eles o que estava acontecendo, o que estava por trás daquele processo. Ele dizia: como advogado, já fiz tudo que podia, mas a verdadeira história só vocês podem contar. Esses juízes, normalmente, não gostam de receber as partes interessadas nos processos que julgam, mas vocês precisam conseguir falar com eles.

O amplo relacionamento que o tênis deu ao Luis Felipe, então, nos ajudou novamente. Ele ligou para a Academia de Tênis de Brasília, falou com uns amigos influentes e as nossas reuniões foram agendadas. Dos três juízes envolvidos, falamos com dois. Humildemente, contamos a nossa história. O Luis Felipe conseguiu suar a camisa até encharcar e encher os olhos de lágrimas nas duas conversas. Os juízes, no entanto, nos ouviram impassíveis, e voltamos de Brasília sem saber o que ia acontecer.

Enquanto isso, aquele que era o máximo pressionava para fecharmos um acordo. Ameaçava detonar o mundo, e o Carlos Henrique já tinha esgotado todas as possibilidades de ganhar tempo. Da pretensão inicial dos nossos "amigos", o apetite já havia baixado bastante. Eles agora concordavam em receber apenas 20% do que faturássemos na classe de vestuário e de alguns outros produtos que eles consideravam afins, como joias, bijuterias, relógios e, se não me falha a memória, cosméticos. Só que cosméticos não era nem o caso, pois a marca não era nossa nessa classe. Pertencia a uma indústria de São Paulo, Gasparotto & Labate, com quem mais tarde fiz acordo, e eles me deixaram trabalhar com a subclasse de produtos de toucador.

Pois bem, a nossa dupla dinâmica concordava em receber 20% em vez de 50%, e já não era mais sobre tudo, era apenas uma parte. A pressão era muito grande, e já estávamos propensos a fechar, para acabar com aquele martírio. Mas, por outro lado, doía muito o coração ter que entregar 20% àqueles dois sujeitos tão perniciosos.

Foi então que o telefone tocou em nosso escritório do Rio. Eu estava tratando das nossas contas com a minha esposa, que trabalhava comigo e cuidava de toda a parte administrativa da empresa. Do outro lado, estava o Luis Felipe. Na outra linha, com ele, o Máximo. Era agora ou nunca. Tínhamos que fechar, ele pressionava. Só sei que ele chegou em 18%, a minha mulher falava sem parar "não fecha" — sábias são as mulheres —, e eu dizia a Ipe que não deveríamos concordar com mais do que 17%. Dezessete, dezoito, dezessete, dezoito — o Máximo achou que íamos lhe dar o mínimo e, graças ao bom Deus, sua prepotência desligou o telefone.

Uns 15 dias depois a *Gazeta Mercantil* publicava que a nossa empresa era detentora da marca Halley na Classe 25, definitivamente, por decisão do STR, à qual não mais cabia apelação. Havíamos ganho por dois a um.

Tempos depois, uma jornalista da revista *Exame* me procurou, pois estava preparando uma matéria sobre marcas. Ao fim da entrevista, ela perguntou:

— O que vocês fizeram com o Dr. Pedro, que ele ficou com tanto ódio de vocês?

E O COMETA, VEM OU NÃO VEM?

A nossa agitação era grande, novos licenciados se incorporavam ao projeto, todos corriam para lançar os seus produtos, mas, como costuma dizer o bom mineiro, "tinha um cheiro de peido no ar".

O cometa, no hemisfério norte, deveria começar a sua aparição em outubro de 1985. Mas ninguém conseguia vê-lo nem com luneta. Apesar disso, muita gente ainda afirmava que no Brasil seria diferente. Aqui teríamos uma primeira passagem em fevereiro de 1986 e uma volta em abril, época de máxima visualização. Algumas reportagens, nos jornais, nas revistas e na televisão, ousavam afirmar até o seu tamanho: um terço do céu, diziam alguns; onze luas cheias, diziam outros. Eu, que tinha começado toda aquela loucura confiando em dois terços do céu, segundo a *Playboy* de janeiro de 1980, naquela altura já ficaria contente com um cometa do tamanho de uma lua cheia. Era só do que eu precisava: que ele fosse visto a olho nu, bem bonito lá no céu, durante alguns dias.

É lógico que, se a nossa série animada já estivesse no ar, como previa o plano de *marketing* original, estaríamos menos dependentes do sucesso do evento em si. Mas, como ainda lutávamos para viabilizar a televisão e o cinema, precisávamos desesperadamente do cometa.

"Look at the sky", dizia um dos nossos adesivos. Era a síntese da mensagem do projeto que procurávamos passar através da filosofia de vida dos personagens Halley. O cometa lembraria às pessoas que valia a pena olhar para o céu. Ele só precisava ter o tamanho suficiente para emocioná-las.

Mas isso não aconteceu. Muita gente se mobilizou, viajou, procurou pontos mais escuros na periferia das cidades, comprou luneta, binóculo, programou piquenique, mas pouco ou nada conseguiu ver. No hemisfério norte, então, nem pensar.

Nossa última esperança era abril de 1986. Tínhamos, inclusive, licenciado o Club Méditerranée, em Itaparica, para a realização de duas Semanas Halley na primeira quinzena do mês. Os pacotes incluíam *shows*, com os G.O.s caracterizados como nossos personagens, gincanas e atividades esportivas cuja premiação eram produtos fabricados pelos nossos licenciados, palestras de um astrônomo profissional e colocação de lunetas na praia, onde esse astrônomo orientava os observadores.

Eu me lembro bem da primeira noite daquela primeira semana. Nosso astrônomo convidado, que trabalhava com o Dr. Eugênio Scalize no Observatório de Atibaia, fez a palestra de boas-vindas aos hóspedes à noite. Mostrou uma série de *slides* muito bonitos sobre o cosmos. Um deles era o do cometa de West, que havia sido fotografado anos antes nos Estados Unidos. Era uma maravilha, sua cauda tomava conta do *slide* inteiro. E o astrônomo me saiu com a seguinte pérola:

— Na próxima semana, estaremos vendo o Halley assim mesmo, daqui de Itaparica. — Como eu gostaria que ele estivesse certo! Na noite seguinte ele armou as lunetas na praia e a única coisa que conseguimos ver foi uma bolinha de algodão, iluminada por trás. Uma hóspede comentou com a outra e eu ouvi, constrangido:

— E pensar que pagamos mais caro por isso.

Procurei não pensar mais no assunto e curtir o clube, com a minha família, no resto da semana. Na semana seguinte, eu voltei para o Rio e o Luis Felipe foi me substituir. Seria dele o dia 11 de abril, programado para ser a melhor visão do Halley. A decepção foi a mesma, e a Verinha, minha secretária, que também estava lá ajudando na promoção, um dia me disse ao telefone que ele estava muito nervoso. Não era para menos.

Caía o nosso castelo de cartas. Mas eu ainda era capaz de algum *fairplay*. Aliás, dizem que uma das características marcantes dos mineiros é que eles gostam de rir de si mesmos. Programei uma festa para o dia 11 de abril, no quiosque do condomínio onde eu morava, um ponto do Alto Leblon, no Rio, de onde se vê toda a praia e se tem uma ótima visão do céu. Convidei todos os vizinhos e chamei a festa de "Espiada no Cometa". No convite, eu dizia mais ou menos assim: "Afinal, se o cometa não aparecer nem ao menos para uma espiada, vamos nos divertir de qualquer maneira." Ele não apareceu mesmo, mas eu certamente tomei um bom porre.

O nosso Halley causava, em todo o país, uma grande decepção em relação à expectativa que havia gerado. E as consequências disso nos nossos negócios eram dramáticas. De saída, a Marvel comunicou que não ia exercer a opção contratada. Perdíamos, assim, nossas últimas esperanças de lançar os desenhos animados e fazer dinheiro no resto do mundo, já que o filme que o Odorico tinha começado a produzir também não tinha mais chances de comercialização. E as vendas dos produtos dos nossos licenciados caíam drasticamente, reduzindo os nossos *royalties*. As fábricas tinham estocado os varejos, que vendiam bem, até o evento fracassar. Quando abril chegou e o cometa não apareceu, os varejos não encomendaram mais, e o projeto, simplesmente, acabou. Não houve, no entanto, prejuízo para ninguém. Fizeram promoções e ficaram livres dos seus estoques.

Do nosso lado, podemos dizer que empatamos. Ganhamos o suficiente para cobrir as despesas com os advogados, os criadores, os representantes, com o escritório, os impostos e as nossas viagens. Foi um trabalho intenso de janeiro de 1980 até meados de 1986. Seguramente, minha maior realização profissional e minha maior frustração. Coisa de um bipolar? Sei lá. Só sei que eu queria muito contar esta história!

PARTE 6

ALGUNS ESCORREGÕES

Viver não é nada fácil, todos sabem. Ainda mais quando se perde dinheiro, status, bem-estar, condição ética, saúde, um ente querido. Vamos ver as reações de um bipolar, controlado ou não.

A DESPEDIDA DO QUINTAS

Se houve uma coisa que doeu de verdade na minha vida foi ter que deixar o Quintas e Quintais. Trata-se de um condomínio maravilhoso, construído a partir de um grande corte numa pedra do Alto Leblon, no Rio de Janeiro. Fizeram três blocos, com 112 apartamentos ao todo. E uma estrutura de lazer com piscinas, quadras de tênis, restaurante, salão de ginástica, sinuca e muito mais — espaços generosos para relativamente poucos moradores. O paisagismo valoriza o verde, e a arquitetura previu até um quiosque com vista para a praia de Ipanema, além de uma churrasqueira em plena mata.

Fui morar no Quintas e Quintais quando a construção ainda não estava concluída e os preços ainda não eram tão altos. Foi em 1982, ano da Copa do Mundo que nos brindou com aquela seleção de Falcão, Zico, Sócrates, Éder e outros craques. Comprei até uma TV nova para ver aquele time.

Fiz grandes amizades lá. Nem ao menos tirava o carro da garagem nos fins de semana. Mas me lembro de que, numa manhã de domingo, comentei com um amigo do peito que ia deixar a Souza Cruz para cuidar do *marketing* do cometa Halley.

Ele franziu o rosto. Afinal, eu estava abrindo mão da segurança pelo imponderável. Não me arrependo nem um pouco de ter feito isso, exceto porque, anos mais tarde, perdi o Quintas.

Minhas últimas receitas com o cometa aconteceram em 1986. Consegui resistir até outubro de 1988. Não dava mais. Tive que mudar para um três-quartos em São Conrado, pagando um aluguel de amigo para o Miguel, lá de Belo Horizonte.

Foi a primeira vez na nossa vida familiar, desde o casamento, que sofríamos uma marcha a ré. Perdíamos uma esplêndida morada, estava patente que não tínhamos mais a estabilidade da renda. Aquela sensação de derrota, de perda, foi muito forte para mim. Acho que, de todos lá de casa, eu fui o que demorei mais tempo para assimilar.

Como compensação ficou a despedida. Um dos meus bons vizinhos e amigo era o Caio. Na véspera do caminhão de mudanças, ele nos convidou para jantar na casa dele. Achei aquilo esquisito. Não tinha mesa posta, e ficamos num interminável bate-papo na varanda. Até que ele mudou o convite.

— A Francine mandou avisar que o jantar está pronto. Vai ser lá no restaurante do condomínio.

Esquisito. O clube estava às escuras. Mas, quando nós entramos no restaurante, as luzes se acenderam e todos os nossos vizinhos estavam em roda para nos aplaudir. O Joaquim fez um discurso bonito, disse que nós éramos uma família feliz, que não queriam perder a nossa amizade e... choramos, obviamente.

Obviamente, mas nem tanto. Chorei pouquíssimas vezes depois de adulto, e não mais do que olhos marejados. Chorar pra valer, só quando estava em depressão. Mas o pior exemplo é o da morte da minha mãe, há alguns anos. Ainda não chorei por ela, o que não entendo direito. No entanto, pelo Quintas eu derramei algumas lágrimas.

A CABEÇA E O TRAVESSEIRO

Meu amigo Edimarcos costumava dizer:

— Você deita e dorme na hora? É porque não tem pecados.

Eu, que sou ansioso por má-formação, quando preciso, durmo com um comprimido de tarja preta. E tem gente que tem pecado à beça e dorme até antes da hora. Questão de consciência. Dizem alguns que eles (no caso dos larápios) dormem tão bem porque o travesseiro deles é melhor do que o nosso.

O certo é que nós podemos fazer o diabo sem ter consciência dos nossos pecados. Quer ver? Trabalhei na Esso sem jamais ter me dado conta de que ela era uma empresa poluidora. Trabalhei na Souza Cruz sem a exata consciência dos males do cigarro. Na época, a empresa vendia para nós, funcionários, para a imprensa e para o público em geral que a relação fumo-doença (fumo-saúde, segundo eles) era meramente estatística, não havia qualquer comprovação científica. Mesmo assim, eu parei de fumar quando ainda estava lá, com medo de ter câncer na garganta. Mas não me sentia nem um pouco culpado ou responsável por estar promovendo o Festival Hollywood Vela em nove praias brasileiras junto a uma juventude mais que saudável, por exemplo.

E hoje, com a consciência que tenho, aceitaria emprego em uma companhia aérea sabidamente desleixada com a manutenção dos seus aviões? Aceitaria trabalhar a conta publicitária de um político comprovadamente desonesto? Ou anunciar madeira retirada ilegalmente da Amazônia? Às vezes o dinheiro é tão interessante que *mon coeur balance*. Mas sei que não devo aceitar.

Na área de propinas e outros negócios escusos, recebi raras propostas em toda a minha vida, quase sempre vindas de pessoas que não me conheciam bem, estavam sendo precipitadas. Para evitar o conflito, fingi que não estava entendendo ou então mudei de assunto. Afinal, com tantas falcatruas por aí, não se deve ralhar com um malandrozinho que se aproxima.

No entanto, em duas diferentes ocasiões eu não consegui ficar de fora. Durante a realização do *marketing* do cometa de Halley, um espertinho começou a usar a nossa marca sem autorização e promoveu uma série de negócios. Quando foi cobrado, disse que não tinha o que pagar porque estava ajudando a promover o projeto. Logicamente não houve concordância. Ele, então, aceitou pagar os *royalties* devidos, mas exigiu 10% para o próprio bolso. Dizia que era para o partido. Eles sempre dizem que é para o partido, já percebeu? Era concordar ou perder. Levei o cheque, e ficamos conversando algum tempo. Não me esqueço disso: o nojento ficou o tempo todo balançando o cheque, como se fosse um abanador, na minha frente. De outra feita, um chefe que eu tinha embolsou indevidamente cinco mil dinheiros de um cliente. Como aquilo tinha surgido porque eu errara no orçamento, ele trouxe um cheque de dois mil e enfiou no meu bolso. Fiquei sem fala por duas razões: não queria desagradá-lo, criar uma cisma; além disso, estava duro, duro. Acabei amargando a culpa da desonestidade.

Mais difícil de avaliar o certo e o errado é quando nós, publicitários, somos chamados para anunciar uma ação de governo que sabemos ter segundas intenções, para o proveito de alguns, e não da sociedade. Temos o emprego e a conta. Temos que faturar e não nos falta *know-how*. Costumo dizer que somos ilusionistas por natureza, pois sabemos valorizar até mesmo o que é simplesmente corriqueiro. Glamourizadores do banal. Mas isso é fichinha perto de enganar, ou, no mínimo, dourar uma pílula amarga para a incauta população. Mas é assim que funciona. E lá vai Marcelo Diniz colocar todos os conhecimentos que adquiriu em sua carreira para convencer o público de que aquela ação de governo será realizada exclusivamente em favor da população. É de amargar. A gente se contenta em não participar de negociatas, mas jogar o emprego fora não é possível. Como será possível promover ações de governo que tenham como única motivação o bem-estar do povo? Como ser filho de leão e não se tornar um caçador de búfalos?

Ossos do ofício. De vez em quando a gente fratura um. Dói à beça, mas acaba curando.

"VOCÊ NÃO PRECISA TOMAR LÍTIO"

Certos caras entram na nossa vida só para atrapalhar. Quando eu morava em Niterói, estava tudo ótimo. Tinha conseguido minha transferência para o Rio, minha vida familiar era perfeita, o Dr. Ulisses era meu médico e o tratamento funcionava muito bem, eu estava perfeitamente equilibrado.

O problema é que fizemos amizades com alguns vizinhos, e um deles era psiquiatra.

— Você toma lítio? Já tem três anos? Pra quê? Você está ótimo, e o lítio é uma droga. Você pode ficar intoxicado. Ataca os rins. Pare com isso.

Para quem é leigo, ouvir um médico falar dessa maneira impressiona. Ou impressionava. Tomo 900 mg de lítio por dia há 30 anos, nunca tive uma intoxicação; já examinei sangue, urina, fígado e rins até de cabeça pra baixo e não tenho nada. O mapeamento da cabeça também está perfeito.

Mas, naquela época, eu fui na onda do doutor e me estrepei. A crise veio rápida e mais forte. O verdadeiro doutor, o Dr. Ulisses, me internou na clínica dele, em Botafogo, e o tratamento foi tal que eu não posso contar em detalhes. Esqueci quase tudo. Só me lembro que eu tinha altíssimos níveis de referência — tudo que conversavam perto de mim, no restaurante, na praia, no ônibus, em qualquer lugar, eu achava que era comigo ou a meu respeito. E de que eu me recusava a tomar os remédios, chegava até mesmo a empilhar móveis por trás da porta do quarto. Quando as enfermeiras finalmente conseguiam chegar, eu colocava os comprimidos na boca e depois cuspia. Uma outra interna, coitada, ganhou um soco na boca assim sem mais nem menos. Pelo simples fato de estar na minha frente. Acho que eu fantasiava que ela era uma inimiga, sei lá.

Uma fase dolorosa. Doeu em mim, na minha mulher, na minha família. E principalmente, na pobre da interna socada por mim.

PARTE 7

CORRENDO ATRÁS DA VIDA

Quando o cometa Halley não passou, eu fiquei sozinho naquele escritório de 180 m², no Rio de Janeiro, olhando para as paredes, sem saber o que fazer. Eu não havia me preparado para que alguma coisa desse errado. Doce ilusão!

E agora? Tinha que correr atrás de novos negócios, ou então arranjar um emprego. Ao longo do tempo, fiz as duas coisas. Algumas histórias já contei. Outras não têm grande interesse para um livro como este. Não aconteceu nada de muito insólito nas concorrências públicas ou privadas cujas estratégias eu escrevi. Ou nas contas que atendi. São trabalhos coletivos, feitos nas agências de publicidade. Se, no futuro, eu resolver escrever um livro de comunicação e marketing, poderei abordar esses trabalhos.

Por ora, vamos ficar apenas com os destaques.

Diga-se de passagem, a bipolaridade é uma doença que ainda não tem cura. Mas a gente não passa a vida doente. A medicação nos controla. E, se uma determinada crise dura 15 dias, um período sem transtornos pode durar anos, embora a agitação mental e a busca pela criatividade possam ser incessantes.

DEPOIS DO COMETA, A XUXA

Dentre as muitas oportunidades que eu perdi na busca do dinheiro, talvez a mais flagrante tenha sido com a Xuxa.

Apesar do cometa, o Projeto Halley tinha sido um sucesso de *marketing* no Brasil. E o irmão da Xuxa me procurou. Ela ainda estava na TV Manchete, mas já estava fazendo um relativo sucesso e precisava de uma assessoria em licenciamento.

Fui conversar com ela no camarim. Uma graça!

— Sabe, Marcelo, a Globo está me convidando para ir pra lá, mas eu não sei o que fazer. Eu adoro o Tio Adolfo!

— Bem, Xuxa. Só posso lhe dizer que, se você for para a Globo, vamos ganhar dez vezes mais dinheiro.

Fiquei de apresentar um projeto de *marketing*, e marcamos na casa dela, numa rua íngreme com vista para a Lagoa. Sentei-me à mesa da sala de jantar, e ela veio me cumprimentar. Tinha saído do banho e chegou com um vestidinho solto, de chinelos. Não sei se foi a emoção, mas a impressão que ficou é que eu nunca vi um pezinho tão benfeito na minha vida. Você sabe, graças à minha histórica introspecção, me acostumei a olhar para baixo. Por extensão, passei a ser um grande observador de pés, sapatos, sandálias, até botas. Não que eu seja tarado por pés, não é isso. Acho a maioria feia, inclusive. Mas reparo neles compulsivamente.

Apresentei o projeto. A carreira da apresentadora estava pensada até a meia-idade, passando do público infantil ao adulto, do entretenimento à moda. O Azambuja foi comigo e mostrou as histórias em quadrinhos que ele havia desenhado.

— Deixa eu ver meu nariz. E o bumbum, como você fez?

Eu falava do *marketing*, enquanto ela se fixava nos desenhos. Tinha gostado. Foi quando a mãe dela perguntou quanto custaria. Fiz algumas ponderações sobre os meus custos e quis copiar a Warner, que me pedira 40% no Projeto Halley.

— Bem, a gente pensa. Temos que perguntar ao Pelé.

Vai ser obtuso assim lá em deus me livre e guarde. Imagine, 40%! Alguns meses depois a Xuxa estava na Globo, protagonizando um dos maiores fenômenos de público da televisão brasileira. Como é que eu não enxerguei isso? Se pedisse 10%, talvez ela tivesse fechado. E eu estaria rico, rico.

DOCES ILUSÕES

Uma das características da mente bipolar é a inquietação. A criatividade é ululante, mas nem sempre factível. Tem muito de ilusório na minha cabeça. Depois que o Projeto Halley não deu certo — aquilo foi, seguramente, a maior frustração da minha vida —, não me conformava de não ter ficado rico. Hoje em dia estou mais contido, corro atrás apenas de uma aposentadoria confortável. Mas, de 1986 até outro dia, persegui novas ideias com obstinação. Eu tinha que ganhar dinheiro, tinha que ter sucesso.

Analisando com calma, cheguei à conclusão de que ora estava adiante do meu tempo, ora não encontrava a colaboração necessária, ora estava iludido pela minha autoavaliação de genialidade. Mesmo assim, conseguia entusiasmar alguns amigos. O escritor Luiz Antonio Aguiar e o pintor, ilustrador e diretor de criação Lielzo Azambuja foram meus parceiros no desenvolvimento de várias dessas ideias. Assim como no projeto do cometa, eles sempre acreditaram nos meus *insights* e se dispuseram a colocar tempo e talento para desenvolvê-los.

Foi assim com a revista *Realize*, pensada para aproveitar o movimento de autoajuda e esoterismo que estava apenas começando. Engraçado: recebi duas avaliações completamente diferentes. Na Editora Abril, gostaram muito, "mas não era para eles". Como eu ouvi esta frase na minha vida! Na Editora Globo, acharam que a revista não tinha uma unidade editorial, seja lá o que isto signifique.

Um dia passei numa loja de *shopping* toda decorada de duendes. Era uma febre aquele negócio. Pensei comigo: por que eu não posso criar um grupo de duendes que seja só meu? Fazemos novos desenhos, o *copyright* e pronto. Luiz Antonio e Azambuja foram convocados e surgiram os Duendes da Lua. Todo mundo gosta, mas ninguém comprou até hoje, talvez porque não tenham exposição na televisão. Pode ver, são muito bonitinhos: www.conscius.com.br. Clique em Antecedentes no Menu.

Com o Tavito, aquele que em parceria com Zé Rodrix fez *Casa no campo*, imortalizada por Elis Regina, desenvolvi "Felicidade Já", um CD só com músicas otimistas, visando a uma compreensão positiva da vida. Algumas músicas são inéditas, Tavito compôs só para este projeto. Mas, com toda essa crise da indústria fonográfica, não conseguimos gravar.

Estava formado um novo grupo de criação: Luiz Antonio, Azambuja, Tavito e eu. Criamos um projeto de muito fôlego a partir da observação de que Jesus Cristo sempre fora retratado, através dos tempos, com a fisionomia sofrida ou grave. Algumas poucas vezes plácido, mas nunca com o sorriso aberto. Denominamos esse projeto de O Sorriso de Jesus, música-tema que o Tavito compôs e me deu parceria, num arroubo de generosidade. O Luiz desenvolveu histórias para televisão, e os personagens ganharam forma nas ilustrações do Azambuja. A ideia era chamar a atenção para o que cada um de nós deveria fazer para abrir o sorriso de Jesus. E, com esta reflexão, a Igreja deveria rezar missas mais alegres. Nossa proposta era musicar toda a missa, fazer dela um momento de alegria e arrebatamento através da música. Mandei a proposta para a PUC e, a princípio, tivemos ótima receptividade. Mas, depois de mais de um ano de contatos ("A Igreja é milenar, meu filho; não precisamos andar rápido."), recebi um telefonema com o seguinte teor.

— Esta nós perdemos, Marcelo. Esbarramos nos capuchinhos.

Também criamos o Tarô Mitológico, dessa vez com a Luciana Gelli e seu ótimo parceiro Augusto na direção de arte e *design*. O Luiz Antonio pesquisou e criou o jogo, passo a passo. Era um jogo de mesa muito interessante, que fazia os contendores avançarem ou recuarem na medida em que caíam nas casas próprias dos fracassos ou sucessos da mitologia grega. Estávamos adiante do tempo mais uma vez. Um grande fabricante de jogos descartou a oportunidade simplesmente porque o mercado para aquele assunto ainda era muito pequeno.

E veio a fase do desenvolvimento da minha consciência política. Criei um *site* denominado Eu Presidente. O Azambuja e o filho dele, Rafael, fizeram para mim o *design*. O texto dizia assim: "Se fosse presidente, governador ou prefeito, eu ...." e o sujeito dava sugestões, fazia denúncias, escrevia o que quisesse. Eu recebia aquelas contribuições e enviava para a instância de governo mais adequada, inclusive ministérios, autarquias etc. Às vezes enviava também para a imprensa, pois recebia denúncias de arrancar os cabelos. E mandava uma cópia para o cidadão, para que ele soubesse que o assunto estava encaminhado. Quando o governo respondia (o que raramente acontecia), novamente eu encaminhava a resposta ao interessado. Não existia, ou eu não conhecia, naquela época um *software* para gerenciar essa correspondência. Fazia tudo a mão. Às vezes perdia um sábado inteiro cuidando do Eu Presidente. Ganhei um prêmio do iBest, como exemplo de *site* de prestação de serviços, mas me cansei do trabalho não remunerado e tirei o *site* do ar.

Resumo da ópera: quando se persegue a inovação, muitas vezes se perde pela falta de colaboração ou pelo *timing*. E também pela ilusão, ou pela falta de dinheiro para esperar o tempo chegar ou para fazer o desenvolvimento mais adequado. Fica a pesquisa, o conhecimento, a experiência. Quando optamos por desenvolver ideias a partir de uma necessidade declarada dos clientes, porém, as chances de sucesso são muito maiores. Trabalhando em planejamento promocional ou de publicidade, já ganhei dezenas de concorrências públicas e privadas. Houve até uma ideia apresentada à Telefonica, que pagou 50 mil reais para que não a apresentássemos a nenhum concorrente, já que a empresa não estava preparada para implementá-la naquele momento. Sim, já coloquei no ar muitas campanhas responsáveis pelo champanhe francês dos meus patrões.

AMANA-KEY E *O CAPITAL MORAL*

Minha experiência na publicidade me levou a estudar os mais variados tipos de negócio, de alimentos a vestuário, de mineradoras ao varejo. Também estudei, e muito, para planejar concorrências públicas, os vários aspectos dos nossos governos e seus tentáculos.

Até que me deparei com um anúncio na *Veja*, convidando para a formação de grupos de trabalho que deveriam escrever sobre como funciona a sociedade brasileira, como deveria funcionar (numa perspectiva global) e como fazer acontecer. Autossuficiente como sou, liguei para a Amana-Key, uma organização de conhecimento que promovia o concurso, e perguntei se poderia fazer sozinho. Disseram que não, no mínimo três pessoas. Fiquei matutando quem eu poderia convidar. Quem primeiro me veio à mente foi o Luiz Antonio Aguiar, mestre em literatura, acostumado a escrever sobre os mais variados assuntos: quadrinhos, livros infantis, A História da Camiseta, estudou cosmologia para escrever Os Halley, enfim, pesquisar e escrever eram com ele mesmo. Mandei um esboço do que seria o índice do nosso trabalho.

— Marcelo, não dá. Não há tempo. Tem gente que passa um ano inteiro para escrever um único item desse índice como tese de mestrado.

Resolvi partir para uma solução caseira. Minha filha Daniela é bióloga e trabalha na Fundação Roberto Marinho como mobilizadora social para o Telecurso 2000 e o canal Futura. O marido dela, Eduardo, trabalhava em segurança de sistemas na Philip Morris. Encomendei um capítulo sobre meio ambiente para ela e outro sobre tecnologia da informação para ele.

— O resto eu faço! — E fizemos. Apenas dois grupos, em todo o Brasil, obtiveram classificação A. Fomos um deles. Outros 11 grupos obtiveram B. Alguns anos depois a Amana-Key reuniu todos esses trabalhos, o Tarcisio Cardieri reescreveu, em busca da unidade, e editou. A Editora Cultrix lançou no mercado *Como nossa sociedade realmente funciona?*. Mas, antes disso, eu peguei todo o material que havíamos escrito, incrementei o que pude e lancei pela Editora Qualitymark *O capital moral ou a falta dele*.

Como curiosidade, registre-se que parte do livro foi escrito no Hospital São Lucas. Eu havia pegado uma bactéria dos diabos que ficou alojada num músculo do pescoço. Uma semana depois de internado, ainda sem um diagnóstico preciso, resolvi ir embora.

— Senhor Marcelo, o senhor não pode sair do hospital, o senhor não teve alta!

— Mas eu vou. Isto aqui não é prisão. Já me soltei desta árvore de Natal que vocês me mandam carregar pra lá e pra cá, com uns tubinhos cheios de remédio. Já cansei desses antibióticos todos. Tira aqui, só falta esta agulhinha.

A enfermeira estava apavorada.

— Um momento, seu Marcelo, só um momentinho. Deixa eu terminar de atender o outro paciente. Eu volto, eu já volto.

Daí a pouco entrou o médico no meu quarto.

— Eu soube que o senhor quer sair do hospital...

— Isso mesmo. Tô cansado, a comida é muito ruim, eu não sinto mais nada, vou pra casa.

— Se eu fosse o senhor, eu não fazia isso não.

— Mas, por quê?

— Porque se o senhor sair, o senhor morre.

Assim, na lata!

— A cultura ficou pronta. O senhor tem uma bactéria que come músculos. Se ela descer para o coração, o senhor morre.

(pausa)

— E o que tem que fazer?

— Vou prescrever uma ampola de penicilina de quatro em quatro horas na veia clava, porque o braço não vai aguentar.

Não preciso dizer que a minha agitação quebrou a agulha da veia clava duas vezes em uma semana. Mas, antes disso, fui até a administração.

— Preciso de uma mesa. Vou trazer meu computador pra cá. E um som também.

Eles deixaram. Durante o dia eu escrevia mais uma parte do meu livro. À noite era uma festa, porque minha filha Paulinha é fisioterapeuta do hospital. Como ninguém gostava daquela comida, ela e as colegas tiravam uma folguinha, pediam tele-pizza e iam para o meu apartamento. A Rita Lee estava no auge:

> "A rabada, o tutu, o frango assado, o jiló e o quiabo, a prostituta e o deputado, a virtude e o pecado, este governo e o passado vai você que eu tô cansado Tudo vira bosta...".

Mas, quando chegava a madrugada, os caras me acordavam de quatro em quatro horas, e a minha bipolaridade começou a dar sinais de vida. Eu ficava irritado e não dormia. Tanto eu como a minha mulher já conhecíamos todos os sintomas. Rapidamente o Dr. Gebara foi chamado, aumentou um pouco a tarja preta e pronto, voltei a dormir e a passar bem de noite e de dia.

Alguns meses depois foi a vez da minha operação de hérnia de disco. Fruto de anos e anos de vida sedentária, posturas relaxadas e trabalho ao computador. O doutor falou:

— Volta para casa com o banco do carro o mais reclinado possível, evita tomar solavancos na coluna. Também não fica sentado por muito tempo, faça repouso.

Mas o pai dele, que também é médico, tinha dito que eu era muito forte e mandou que eu me sentasse na cama do hospital, num otimismo danado. Pois eu preferi ouvir o pai. Durante três dias, batuquei no computador até acabar o livro. Foram 12 horas por dia sentado. O resultado foi um belo edema no lugar da operação e 30 dias deitado de barriga para cima. Mas a minha mensagem ética para "toda" a sociedade ficou pronta.

O capital moral ou a falta dele vendeu menos de mil exemplares, provavelmente porque o interesse pela ética é inversamente proporcional ao número de desprovidos de capital moral que vamos conhecendo pela vida.

Fiz o que pude: transformei o dinheiro dos meus direitos autorais em livros. Presenteei alguns amigos e mandei imprimir um adesivo de Creative Commons, que permitia a reprodução livre do conteúdo desde que se desse crédito ao autor. Eu colocava o adesivo na capa e enviava para uma biblioteca de escola importante. Doei quarenta livros dessa maneira.

Pois é, esse papo de moral está longe de ser um sucesso de público. Pena.

ELEIÇÃO DO CRISTO, UMA ESPERTEZA QUE VEIO DA SUÍÇA

Eu sempre admirei os países ricos. Principalmente os que produzem pouco ou nada além do dinheiro. Veja Mônaco, por exemplo. Tem um banco para cada 600 habitantes. E muitos, muitos cassinos. No entanto, se você reparar, não passa de um pedregulho à beira-mar.

— Mas, por acaso, você quer guardar um dinheiro inconfessável? Vai pra lá. Quer perder o que tem e o que não tem? É lá mesmo.

Como é inteligente essa família Grimaldi!

A Suíça, que pouco podia fazer além de queijos, relógios e chocolates, encontrou fórmula semelhante.

— O mundo está em guerra? Somos neutros. Os nazistas confiscaram o dinheiro dos judeus? Podem guardar conosco, que é seguro. As contas são numeradas, ninguém vai saber.

São para lá de engenhosos os suíços!

E um grande exemplo foi a eleição das sete novas maravilhas do mundo. Das sete maravilhas do mundo antigo, apenas uma ainda existe: são as pirâmides de Gisé.

— Então vamos eleger as novas, numa eleição "eterna", em escala mundial. Parte do dinheiro que arrecadarmos será para a manutenção delas, para que não se perca a história.

Muito nobre!

— E quem vai financiar este negócio?

— Vamos a Lisboa, que não tem maravilha nenhuma, mas pode ter a réplica de todas elas para visitação. Lisboa vai financiar, a festa de anúncio das ganhadoras será lá, uma grande promoção para a cidade.

— Mas, então, como vai ser a eleição?

— Simples: para conseguirmos milhões de votos, fazemos pela Internet. Cada *e-mail* tem direito a votar em sete maravilhas.

— Mas a Internet não dá dinheiro. Como vamos fazer?

— Simples: o público poderá votar também por telefone. Cada voto por SMS ou telefone fixo vai gerar uma receita pra nós. E o sujeito pode votar quantas vezes quiser, mas apenas em uma maravilha de cada vez.

— Mas, dessa forma, jamais conheceremos o tamanho do colégio eleitoral. Se um eleitor terá direito a votar quantas vezes quiser, o princípio democrático estará subvertido e o poder econômico poderá comprar telefonemas. Jamais saberemos qual é a real opinião da humanidade sobre as maravilhas em votação.

— Deixa pra lá. O negócio é conseguir motivar cada país. Se eles entrarem na nossa pilha, vão fazer o diabo pra ganhar. O pessoal do turismo vai ficar indócil, o governo, o empresariado, a população, todo mundo vai se mobilizar.

— E nós vamos ganhar um dinheirão.

— Mas a ideia não foi sempre esta?

— Certo, certíssimo.

— E tem mais: podemos vender os mais variados suvenires de cada maravilha candidata. Tudo é lucro, meu caro amigo, tudo é lucro.

Um terceiro sujeito entra na conversa.

— Só há um porém. Este *site* onde é feita a votação não tem um certificado de segurança? E uma auditoria independente, também não tem?

— Sem essa, caro amigo. Não podemos nos expor a críticas desnecessárias.

Resultado final: as sete novas maravilhas foram eleitas, inclusive o nosso Cristo Redentor. Dos vinte países que tinham candidatos a maravilhas, alguns nem se mexeram. Ganharam aqueles que conseguiram mobilizar melhor a sua população, e eu me sinto orgulhoso por ter trabalhado por essa mobilização no Brasil. Foi uma campanha de muito fôlego, liderada por um entusiasta extraordinário, o Aroldo Araújo. Nosso país e o Rio de Janeiro só tiveram a ganhar, inclusive em autoestima. Mas onde estão os resultados? Quem ganhou quantos votos? Quanto foi arrecadado? Para onde vai o dinheiro?

Meses depois da eleição, se você entrasse no *site* do criador desse concurso, o suíço Max Werber — *www.n7w.com* —, encontraria apenas uma análise superficial dos resultados, sem qualquer indicador confiável. Mas o anúncio da nova eleição das maravilhas da natureza já estava lá.

Vamos lá, moçada. Vamos eleger as Cataratas do Iguaçu! Me lembra o Juca Chaves, pedindo para ajudar o Juquinha a comprar seu caviar.

CONVIVENDO COM A DOENÇA

Desde 1977, minha vida mudou completamente com a introdução do lítio na minha dieta. Mas nem sempre fui fiel ao produto. Uma ou outra vez eu negligenciei o tratamento e *puff!*: a crise veio certeira. Foi um longo aprendizado até adquirir a disciplina necessária para colocar um comprimidinho de 450 mg na boca, de 12 em 12 horas. Nada difícil, mas a resistência não é incomum para quem tem alguns preconceitos contra remédios em geral, gostaria de levar uma vida natural etc.

E também não posso negligenciar o sono. Se um dia tem uma festa, noutro dia trabalho até tarde, noutro dia bebo e durmo mal — uma sequência dessa não é nada recomendável para um bipolar como eu.

Outra coisa perniciosa é a falta de experiência de quem trata. O Dr. Ulisses ainda era vivo, mas não estava mais clinicando. Tive uma ziquizira qualquer, da qual não me lembro bem. Indicaram uma psiquiatra muito competente, cheia de diplomas em língua estrangeira na parede, e ela, provavelmente por não me conhecer direito, me entupiu de remédios. Eu enrolava a língua mas não melhorava. Mudei de psiquiatra, mas não houve empatia pessoal. Acho que quando não há empatia também não funciona bem. Apelamos para o Dr. Ulisses mesmo.

— O senhor faz uma exceção, atende o Marcelo na sua casa? Só de revê-lo e entrar naquele apartamento cheio de livros, respirando sabedoria, acho que já melhorei.

— Você não pode estar bem, está tomando remédio demais.

Poucos dias depois eu já estava dentro da normalidade. E saí com a indicação para procurar o Dr. Gebara, que é ótimo. A única mudança que ele promoveu foi a introdução de uma outra droga para tomar junto com o lítio, já que eu apresentava a síndrome das pernas inquietas: Tegretol. Também já fiz exames para avaliar os efeitos colaterais desta aí. Nenhum.

Agora estou com o Dr. Elcio, lá do Hospital Silvestre. Ele diz que é muito fácil, porque eu já chego com o diagnóstico e a medicação prontos.

Moral da história: como bipolar, não posso ter medo de remédio; muito pelo contrário. Também não posso ter medo da minha doença, pois, quando medicado, não sinto qualquer distúrbio além dessa ânsia desgraçada para criar coisas — qualquer coisa que ainda não exista. Aliás, em outubro de 2007 surgiu um estudo científico dizendo que a bipolaridade afeta o nosso DNA, que nos faz mais propensos a sofrer doenças cardiovasculares, patati, patatá. Não entendo nada disso, nem ao menos sei como os outros doentes reagem aos diversos tratamentos. Só sei que o meu seguro saúde dobrou de preço quando eu completei 59 anos de idade.

— Ah, é? Já que é assim, vou fazer um *check-up* exemplar! E fiz. Durou mais de três meses. Várias especialidades médicas e uma pá de exames. Como resultado, primeiro veio o que eu já sabia: dores musculares, muitas dores nas costas, resultado de décadas sem fazer exercícios físicos e de uma tendência a me tensionar, somatizando situações de estresse na musculatura. O fato é agravado com as horas de trabalho ao computador, o que pode melhorar com uma competente fisioterapia. Depois, prisão de ventre crônica, típica de muitos outros bipolares. Ingerir fibras é recomendado, e um remedinho de vez em quando também ajuda. No geral, o clínico olhou aqueles exames todos e sentenciou:

— Melhor estraga. Vai embora.

PARTE 8

GRANDES E PEQUENOS ASSALTOS

Alguns tentaram, alguns levaram. Em todos os casos, minha primeira reação foi a do menino bobo das primeiras crônicas. Mas, você pode notar um traço de coragem, de imprevidência. Eu poderia também fazer uma crônica contando a atitude de um turrão indignado. Mas achei que ficou chata — vida de turrão chateia muito.

São características próprias de um bipolar? Não sei. Eu estava medicado em todas as situações.

TROMBADÃO NA SÃO JOÃO
COM A IPIRANGA

Eu já levei alguns canos na vida, mas, para as tentativas dos menos favorecidos, acho que tenho o corpo fechado.

Veja este exemplo. Eu tinha sido convidado por um amigo para participar de um almoço que reuniria no Hotel Ca D'Oro, em São Paulo, um grupo de especialistas em comunicação. O almoço era patrocinado pelo Sr. José Ermírio de Morais com o objetivo de trocar ideias para a campanha do irmão, Antonio Ermírio, ao governo do estado.

Aceitei o convite e viajei por conta própria, pensando em ficar lá no dia seguinte e fazer umas visitas. Para não gastar além da conta, me hospedei em um hotel três estrelas na av. São João, um lugar barra-pesada. Por precaução, dividi o dinheiro que tinha levado em três bolsos. Naquele domingo, eu paguei as minhas despesas de táxi e outras pequenas coisas com o dinheiro do bolso direito da calça. À noite, resolvi jantar no tradicional Restaurante Brahma. Estava na esquina da São João com a Ipiranga, esperando abrir o sinal de pedestres, quando levei uma trombada que me fez catar cavaco por uns quatro ou cinco passos. Antes do quinto, um "trombadão" enfiou a mão justamente naquele bolso direito e correu. Eu ainda me refazia, quando ele parou, colocou as mãos para o alto, contou o dinheiro e veio em minha direção. Fiquei estático, em posição de defesa, pois temia uma faca. Mas, surpreendentemente, ele devolveu o dinheiro, sob os aplausos dos outros colegas que apreciavam a cena na porta de um bar.

— Toma!

Eram apenas 37 dinheiros — uma merreca, naquela época. Ele esnobou a quantia, como quem diz: "Pobre!" Atravessei a avenida meio trêmulo, entrei no restaurante, pedi um chope, e vida que segue... Fiquei imaginando como seria se ele enfiasse a mão no bolso do Sr. José Ermírio, que tinha pago aquele almoço de 15 pessoas em um dos restaurantes mais caros de São Paulo com dinheiro vivo, tirado do bolso direito da calça.

PÂNICO NO ELEVADOR

O escritório do Halley, no Rio de Janeiro, ficava na rua Henrique Valadares, na Lapa. Era um prédio mais novo, apesar de ser na Lapa. Tinha boa aparência, conforto e uma boa garagem. Um belo dia, quando desci para almoçar, o porteiro me avisou:

— O senhor deixou o farol do seu carro aceso.

Ato contínuo, peguei o fim da fila e entrei com o elevador lotado. No que a porta fechou:

— Assalto!

Dois caras tinham seguido um dos passageiros que vinha do banco com o pagamento dos empregados de uma firma de engenharia. Pelo sim, pelo não, resolveram limpar os demais também.

— Ai, meu Deus! Ai, meu Deus!

Mas a porta se abriu logo, pois eu tinha apertado o G1. Saí como se não fosse comigo. E um dos caras com o revólver na mão, segurando a porta:

— Volta aqui. Volta aqui, porra! — Voltei, é claro. Nesta altura, já tinham limpado os bolsos de todos os presentes.

— Onde é que a gente desce aqui?!

Apertei logo o primeiro andar. A porta se abriu num instante e eu, muito solícito:

— Desce por ali, à esquerda!

Era a recepção de uma grande firma, mas, por azar, a porta da escada de serviço estava trancada. Um bandido ficou segurando o elevador, o outro foi e voltou. Com uma frieza incomum, emendei rápido, acendendo a luzinha:

— O segundo andar não tranca!

Eu não tinha nenhuma certeza, mas era verdade.

O cara do "volta aqui, porra" ainda achou tempo pra colocar o cano do revólver debaixo do meu queixo e lançar a ameaça.

— Olha aqui, seu espertinho, se acontecer alguma coisa, eu volto aqui e te mato, entendeu?

— Sem problemas, sem problemas.

E problemas não aconteceriam mesmo, pois o cara da firma de engenharia fez uma ocorrência na polícia, que nem se lixou pro assunto.

De positivo só o fato de que, na confusão, os ladrões roubaram todo mundo, mas se esqueceram de pegar o meu dinheiro.

O RESGATE DA FIORINO

Depois que o Cometa não deu certo e o dinheiro acabou, eu não sabia bem o que fazer da vida.

Minha mulher, por sua vez, tratou de arranjar uma fonte de renda. Os irmãos dela tinham uma fábrica de massas alimentícias em Belo Horizonte, com capacidade para abrir uma nova frente de vendas no Rio. Indiquei a nutricionista da Souza Cruz, em cuja sede existe um ótimo restaurante. Ela resolveu experimentar, gostou e indicou outras empresas. Logo, logo a Doia estava com uma razoável clientela e comprou uma Fiorino para fazer as entregas.

O motorista da Fiorino era o Antonio, um dos sujeitos mais simpáticos e de bom coração que eu já conheci. Era natural da Paraíba, e se apresentou como motorista até de caminhão. Tinha carteira e tudo. Mas, a bem da verdade, não tinha noção de embreagem, nem de direção, nem de controle de aceleração. O Antonio é o único motorista que eu já conheci que foi admitido pelo requisito simpatia. Mas ele aprendeu rápido, e hoje tem um táxi com ponto ali perto do Fluminense, seu time do coração.

Pois bem, numa bela manhã eu estava fazendo a barba para ir trabalhar, quando o telefone tocou.

— Dona Dora, dona Dora, me pegaram. Ali no vi-vi-viaduto.

— O que houve, Antonio?

— Le-levaram o carro, dona Dora (Dora é o terceiro nome da minha mulher: Auxiliadora, Doia, Dora).

— E onde 'cê tá, Antonio?

Lá fui eu correndo para a delegacia do Rio Comprido. Quando cheguei, o pobre coitado do Antonio ainda estava branco feito cera. O assalto tinha ocorrido há mais de uma hora e os policiais estavam preparando uma diligência que nunca partia. Quando finalmente saíram, num Gol caindo aos pedaços, cerca de 50 metros adiante um dos pedaços caiu mesmo. Foi o escapamento inteiro. Então voltaram.

— Não tem viatura, doutor. — Pensei comigo: Que se dane a companhia de seguros. E fui cuidar da minha vida, que não estava nada fácil.

No sábado seguinte o Antonio ligou de novo. Dessa vez eu estava de sunga, a meio caminho da porta para ir à praia.

— Seu Marcelo, seu Marcelo. O meu vizinho aqui em Rio das Pedras viu a Fiorino no pé de uma favela, lá em Bonsucesso. Ele me levou lá, é o nosso carro mesmo. — Eu não estava nem um pouquinho a fim de cuidar de um problema da polícia, ou da seguradora, sei lá. Mas eis que entra em campo a voz da Doia, líder inconteste do nosso santo lar.

— Vai lá, bem. Vai lá, pelo amor de Deus. O carro está fazendo muita falta. A seguradora só vai pagar daqui a um mês, talvez mais.

E lá foi o trouxa pro Rio Comprido.

— O carro está em Bonsucesso? Então o doutor tem que pedir acompanhamento na delegacia de Bonsucesso. Problema de jurisdição.

E lá fui eu pela av. Brasil. Primeiro tinha que pegar o Antonio em Rio das Pedras, depois tinha que pedir ajuda na Delegacia de Bonsucesso. A julgar pelo que eu conhecia da polícia, boa coisa não me esperava. Pensei comigo mesmo: a chave reserva está comigo. Eu mesmo vou pegar esse carro. Peguei primeiro o Antonio, que me indicou o caminho. Favela em Bonsucesso, para quem não conhece, faz parte do Complexo do Alemão.

Chegando lá, era uma rua sem saída. A Fiorino estava na frente de uma casa de muro baixo, um pouco de grama, um pouco de mato na frente. Casa pequena e simples, tipo "gente pobre, porém decente".

Dirigi até o fim da rua, manobrei meu carro de frente para a saída e parei ao lado da Fiorino.

— Antonio, senta aqui no meu lugar.

E abri a porta do carro roubado. Quando bati a chave na ignição, pegou na hora. O motor estava quente. Fiz um gesto com a mão para o Antonio ir em frente, mostrando o caminho, e lá fomos nós. Só vi um menino correndo e gritando.

— Roberto, Roberto, estão roubando o seu carro! — Dentro da caçamba havia uma boneca e um lençol. Deve ter sido uma festa quando ele chegou em casa dizendo que tinha comprado um carro novo.

Agora a história triste. Tínhamos que ir até a delegacia de Bonsucesso para tirar a Fiorino do cadastro de carros roubados.

— Hoje é sábado, doutor. A gente não tem pessoal, só segunda-feira. O senhor tem que deixar o carro aí.

— Mas como é que é isso? Eu resgato o carro roubado e vocês vão me roubar o carro de novo?

O sujeito virou de costas.

— Melhor o doutor falar com o delegado.

— Quem é?

— Ele saiu. Pode esperar ali.

Ali eram umas cadeiras ensebadas. Sentei. Eu sempre parti do princípio que ir embora e voltar depois leva mais tempo do que um chá de cadeira. E eu tive sorte. O cara não demorou muito. Só que estava com uma cara de mau que não tinha tamanho. Quando eu entrei na sua sala, ele ainda estava se ajeitando e, ao mesmo tempo em que tirava o revólver da cintura e colocava em cima da mesa, fuzilou um "Pode falar!". Eu falei, até gaguejei. Ele vociferou:

— Ô Moreira, atende esse cara aqui.

Lá fui eu falar com o Moreira.

— O senhor sabe, né doutor, o Valdir vai fazer a ocorrência pro senhor. Mas não é o serviço dele, já tá na hora dele ir embora, o senhor precisa deixar uma ajuda, sabe como?

— Quanto?

— Trinta dinheiros só, doutor.

— Tá bom.

Sentado à frente da máquina de escrever do Valdir, comecei a contar a história toda de novo. A primeira coisa que aconteceu foi que, de tão velho o equipamento, caiu o tabulador.

— Tá vendo, doutor? A gente aqui não tem nada, tem que consertar essas coisas com o nosso dinheiro. É por isso que a gente pede ajuda.

E seguiu a datilografia, pontuada por verdadeiras porradas no teclado.

— Ok. Tá pronto, doutor.

— Mas, escuta aqui. Você não vai me perguntar onde eu resgatei a Fiorino? Porque se você for lá, é onde mora o ladrão.

— Ah! Sim, sim. Pode deixar que eu anoto aqui na nossa via. Onde foi mesmo?

E a outra pergunta que não quer calar: eu roubei um carro dos ladrões no Complexo do Alemão porque sou bipolar ou porque eu sou assim mesmo?

Um carregamento de lítio para quem me responder.

JOGO ROUBADO

O jogo é da natureza humana. Casamento é loteria, criar filhos é loteria, viver é loteria. E bancar o jogo, seja bicho, Mega Sena ou cassino, sempre foi muito lucrativo, porque sempre há muitos dispostos a jogar, e quase sempre perdem — é uma questão matemática.

Perdem mais ainda porque, como quase tudo na vida, o jogo pode ser roubado. E costuma ser. Quando foi promulgada a Lei Zico, abriu-se a possibilidade de abrir bingos no Brasil. O Luis Felipe, meu sócio no cometa Halley, ligou de São Paulo dizendo que conhecera um peruano cuja família tinha o *know-how* em fabricação das máquinas para o jogo.

— Ele mora aí no Rio. Conversa com ele, quem sabe a gente entra nessa?

Na época, eu trabalhava na MPM Propaganda, que havia sido comprada pela Lintas Advertising. A empresa estava perdendo os clientes um atrás do outro e caminhava para ser fechada no Rio de Janeiro. Me acenaram com um contrato de terceirização de um ano. Eu tinha certeza de que não passaria dali.

O nome do peruano era Poblete. Ele me procurou e contou que a sua família tinha o maior bingo do Peru. Eu achei que era uma boa oportunidade e me mandei para Belo Horizonte, onde tinha mais conhecimento para encontrar um local. Era o início de alguns grandes canos que levei dos mais espertos.

Fui atrás do Wagner, um grande amigo que já tinha sido rico, mas agora estava numa maré baixa, sem emprego, sem negócios. Jogador nato, ele era o cara! Identificamos o melhor ponto que podíamos encontrar, na praça Sete, centro geométrico da cidade. Era um restaurante *self-service*, operado pelo distribuidor local da Coca-Cola. O diretor da área era amigo da família da minha mulher e ex-colega de exército do Wagner. Daí pra frente, foi fácil fazer o negócio.

O problema foi que o imóvel não era da Irgominas — este era o nome da *holding* do distribuidor de refrigerantes. Era de um sócio da Elo Engenharia, chamado Eduardo Pereira, que ficou com 33% do negócio. A Irgominas também ficou com 33%, e o grupo formado por mim, Luis Felipe e os peruanos, com o restante.

A obra foi uma pauleira. Os peruanos trouxeram uma equipe de muito baixo nível técnico para montar os equipamentos. Além do mais, a família do Poblete estava praticamente quebrada, e o Luis Felipe teve que bancar quase todas as despesas, caso contrário não poderíamos entregar a nossa parte do trato. Nesse ponto, o Wagner também trabalhou pra valer, mas eu ainda vou contar o que ele fez em seguida.

Após a inauguração, corria tudo muito bem. O bingo se pagou em 40 dias. No entanto, mais ou menos uns seis meses depois, surgiram os primeiros concorrentes na cidade. Até então nós estávamos sozinhos e operávamos como mandava a lei: retornávamos 65% das apostas em prêmios, era um negócio da China. Para se ter uma ideia, os cassinos de Las Vegas costumam retornar mais de 90%. Os concorrentes das Alterosas, para tirar a nossa clientela, resolveram sortear carros, além do pagamento dos prêmios em dinheiro. Era a oportunidade que o Eduardo Pereira esperava.

— Precisamos abrir um caixa 2. Não dá para fazer tudo certinho e sortear carros além da premiação normal.

O bingo tinha um gerente financeiro, ex-funcionário da Elo Engenharia, que já estava no bolso do Eduardo. Então ele cooptou o Wagner, que gerenciava o jogo propriamente dito e estava lá para cuidar dos interesses da nossa parte. Tudo ficou do jeito que o diabo gosta. A primeira resultante foi que nunca mais a casa distribuiu receitas para os sócios. A Irgominas, quando percebeu a fria, vendeu a parte dela para o Eduardo, que passou a ter 66%. E, como eu me recusasse a assinar procuração para os seus desmandos, ele abriu uma segunda firma no mesmo endereço, apropriando-se de todo o patrimônio e do negócio. Colocou os filhos do Wagner como sócios, e jogo encerrado.

Fizemos o que é menos apropriado nessas horas: ficamos negociando, esperando chegar a um preço interessante para vender a nossa parte. Não houve acordo, e perdemos um tempo precioso. O certo seria colocar um advogado para nos defender logo no princípio. Mas faltava vontade política. Eu pensava: se retomarmos o bingo, terei que (olha o verbo aí de novo) ir para Belo Horizonte e assumir a administração. E quem foi que disse que eu queria ser administrador de bingo? Além disso, eu falava na ação judicial para o Luis Felipe e ele não queria. Tinha receio de que houvesse uma repercussão negativa para os nossos negócios.

Na base da conciliação, perdemos tudo. E uma das poucas casas de jogo que operavam 100% dentro da lei passou a ter a ilegalidade como norma. O meu amigo Wagner, por sua vez, dizem que está muito bem de vida...

MENSAGEM FINAL

Na minha vida, depois de diagnosticado como bipolar, eu tive umas poucas crises de depressão e muitas de euforia. A parte do hospital ou mesmo do tratamento em casa eu não me lembro direito, porque eles me entupiam de remédios, eu ficava meio bêbado e não dá para lembrar dos detalhes. Só sei que eu falava embolado e, no princípio, costumava ser meio violento.

Essas crises aconteceram antes que eu começasse a tomar o lítio, ou depois, por negligência na administração dele ou do meu sono. O certo é que, no fim do tratamento para readquirir o equilíbrio e poder voltar a tomar o lítio, eu já podia trabalhar. E eu não contava para ninguém. Depois da experiência com a Souza Cruz, em que a minha carreira ficou travada porque eu entregava para a companhia todos os meus recibos médicos e notas da farmácia, seria a reincidência da burrice contar para mais alguém.

Mas, nas saídas das crises, ainda com a língua um pouco presa, pelo menos em duas ocasiões alguns notaram. Os maliciosos se adiantaram em dizer.

— Você vai entregar para ele este trabalho? Ele não estava mal? — E os amigos reagiram.

— Ele não tem nada. Está produzindo normalmente.

De fato, a gente produz normalmente. Não sei se tem a ver com a doença, com a medicação ou com a minha formação e natureza, o fato é que eu tenho facilidade para formular estratégias de comunicação consistentes e bastante criativas. Peco, às vezes, por querer estar à frente do meu tempo. Mas já aprendi a retroceder, pois os meus trabalhos são, na maioria, por encomenda.

Também há um aspecto importante que diz respeito ao tempo. A maior parte da vida, os medicamentos nos controlam, nos equilibram. Períodos relativamente curtos em crise se contrapõem a vários anos de vida normal, pelo menos no meu caso. O que não sei ao certo é se características próprias da minha personalidade são herdadas da bipolaridade. Se isso acontece, só posso dizer que estou muito feliz com elas. Não posso reclamar do desenvolvimento da minha vida pessoal, familiar ou profissional.

E por que desvendar este segredo da bipolaridade agora, ainda mais em livro? Como sexagenário, tanta gente já trabalhou comigo, tanta gente já leu os meus planejamentos, será que vão perder a confiança depois de tudo que construímos juntos? Penso que não. Ademais, não seria uma boa contribuição a todos os outros bipolares dar mais transparência ao que ocorre com um deles? E vale ou não vale desmitificar a doença para quem, eventualmente, pode nos ver com preconceito?

Só posso dizer que, segundo alguns especialistas, estamos em excelente companhia. Ulisses Guimarães, Winston Churchill, Francis Ford Coppola, Salvador Dalí, Elvis Presley, Theodore

Roosevelt, Isaac Newton, Beethoven e Ernest Hemingway são alguns dos bipolares identificados, todos com currrículo invejável. E, num último *insight*, eu ainda suspeitaria de uma boa dose de bipolaridade naquele cara que, num ímpeto colossal, saiu criando o mundo em apenas seis dias de trabalho. E depois, num dia ruim, deprimido com o resultado, mandou o dilúvio pra acabar com tudo. Mas aí veio o Noé, provavelmente outro bipolar, com aquela ideia de criar uma arca gigante e... bem, vocês conhecem a história.

POST SCRIPTUM

O processo de aprovação e edição de um livro leva algum tempo. Quando a prova deste livro estava pronta e uma das revisões já estava feita, criei mais um projeto para lançar no mercado.

— Mas isso é uma loucura, Marcelo.

— Pois é.

Então vocês achavam que eu ficar de fora da internet? Então vocês achavam que eu ia assistir impassível a toda essa corrupção, a toda essa politicalha que se instalou cinicamente no meu país?

— Perereca neles! www.voteperereca.com.br.

Um bipolar imaginou. A bipolar que criou a capa deste livro fez a marca da anfibiazinha e a direção de arte junto a outros profissionais que acreditaram e trabalharam a risco próprio. A perereca, que simboliza a população brasileira, que não aceita ser levada à extinção por esses calhordas, está nas principais redes sociais buscando apoios e cabos eleitorais. Se der certo, vai ter mais votos na internet do que a maioria dos políticos nas urnas. Só pra mostrar pra eles que a perereca tem poder.

E pode ser que a gente venda umas camisetas, fature algum dinheiro com mensagens SMS, sei lá.

Se der errado, voltamos para as nossas vidinhas, em busca de novas ideias que possam torná-las mais interessantes.

Até a próxima.

Marcelo C. P. Diniz
Abril de 2010

Este livro foi composto na tipologia Minion,
em corpo 11,5/16, e impresso em papel off-
white 80g/m² no Sistema Cameron da Divisão
Gráfica da Distribuidora Record.